NZZ **Libro**

Erika Meins
Hans-Peter Burkhard

Nachhaltigkeit und Risiken bei Immobilieninvestitionen

Konzepte und Entscheidungsgrundlagen für die Praxis

Verlag Neue Zürcher Zeitung

Bibliografische Information der Deutschen Nationalbibliothek
Die Deutsche Nationalbibliothek verzeichnet diese Publikation
in der Deutschen Nationalbibliografie; detaillierte bibliografische
Daten sind im Internet über http://dnb.d-nb.de abrufbar.

© 2014 Verlag Neue Zürcher Zeitung, Zürich

Gestaltung Umschlag: Atelier Mühlberg, Basel
Gestaltung, Satz: Claudia Wild, Konstanz
Druck, Einband: Kösel GmbH, Altusried-Krugzell

Dieses Werk ist urheberrechtlich geschützt. Die dadurch begründeten Rechte, insbesondere die der Übersetzung, des Nachdrucks, des Vortrags, der Entnahme von Abbildungen und Tabellen, der Funksendung, der Mikroverfilmung oder der Vervielfältigung auf anderen Wegen und der Speicherung in Datenverarbeitungsanlagen, bleiben, auch bei nur auszugsweiser Verwertung, vorbehalten. Eine Vervielfältigung dieses Werkes oder von Teilen dieses Werkes ist auch im Einzelfall nur in den Grenzen der gesetzlichen Bestimmungen des Urheberrechtsgesetzes in der jeweils geltenden Fassung zulässig. Sie ist grundsätzlich vergütungspflichtig. Zuwiderhandlungen unterliegen den Strafbestimmungen des Urheberrechts.

ISBN 978-3-03823-918-5

www.nzz-libro.ch
NZZ Libro ist ein Imprint der Neuen Zürcher Zeitung

Inhaltsverzeichnis

Verzeichnis der Praxisbeispiele — 7
Abbildungsverzeichnis — 8
Tabellenverzeichnis — 9
Vorwort — 11
Dank — 13
Executive Summary — 15

1 Grundlagen und Herausforderungen — 17
1.1 Immobilieninvestitionen — 18
    1.1.1 Immobilienentscheidungen als Investitions-
           entscheidungen und Begriffe — 18
    1.1.2 Rentabilität und Risiken als Entscheidungsgrundlage — 20
1.2 Nachhaltigkeit — 21
    1.2.1 Nachhaltigkeit im Allgemeinen — 21
    1.2.2 Nachhaltigkeit als Staatsziel der Schweiz — 23
    1.2.3 Ansätze zur Beurteilung der Nachhaltigkeit
           von Immobilien in der Schweiz — 24
1.3 Risikobeurteilung und Zielkonflikte als Herausforderung — 29

**2 Das Konzept der Nachhaltigkeit bei Immobilien
aus Investitionssicht** — 31
2.1 Rentabilität bei Immobilieninvestitionen — 31
2.2 Risiken bei Immobilieninvestitionen — 33
2.3 Nachhaltigkeit bei Immobilieninvestitionen — 36
2.4 Synthese — 41

**3 Die Messung der Nachhaltigkeit aus Investitionssicht:
der Economic Sustainability Indicator (ESI)** — 43
3.1 Einführung — 43
3.2 Operationalisierung — 44
    3.2.1 Zielgrösse Wertentwicklung — 44
    3.2.2 Determinanten der Wertentwicklung — 46
    3.2.3 Operationalisierung der Definition nachhaltiger
           Immobilien — 47
    3.2.4 Herleitung im Überblick — 48

3.3	Nachhaltigkeitsmerkmale	49
	3.3.1 Langfristige Entwicklungen mit Auswirkungen auf den Immobilienwert	49
	3.3.2 Herleitung der Nachhaltigkeitsmerkmale	53
3.4	Indikatoren und Codierung	65
	3.4.1 Festlegung von Teil- und Subindikatoren	65
	3.4.2 Festlegung der Codierung	68
3.5	Gewichtung	69
	3.5.1 Szenarien mit Ertrags- und Kostenfolgen sowie Wahrscheinlichkeiten	69
	3.5.2 Modellspezifikation	72
3.6	Synthese	78
	3.6.1 Resultate	78
	3.6.2 Möglichkeiten und Grenzen	83
4	**Die Anwendung in der immobilienwirtschaftlichen Praxis**	**85**
4.1	Immobilienbewertung	85
	4.1.1 Einbezug von Nachhaltigkeit in die Bewertung	86
	4.1.2 Systematische Erfassung und Dokumentation von Nachhaltigkeit	89
	4.1.3 Discounted-Cash-Flow-Methode	100
4.2	Projektentwicklung	104
4.3	Neubau	108
4.4	Sanierung	111
4.5	Portfoliomanagement	116
4.6	Anlageproduktgestaltung	120
5	**Der Markt für nachhaltige Immobilien**	**123**
5.1	Methoden zur Ermittlung der Zahlungsbereitschaft	123
5.2	Zahlungsbereitschaft für Nachhaltigkeitsmerkmale	124
	5.2.1 Wohnliegenschaften	125
	5.2.2 Geschäftsliegenschaften	131
	5.2.3 Nachhaltigkeitslabels	134
Schlusswort		137
Anhang I		139
Anhang II		151
Literatur		157
Die Autoren		163

Verzeichnis der Praxisbeispiele

1	Erfassung der Nachhaltigkeit mit dem ESI-Indikator (QualiCasa AG)	81
2	Systematischer Einbezug von Nachhaltigkeit bei der Bewertung (Zürcher Kantonalbank)	87
3	Systematische Erfassung der Nachhaltigkeit mit ESI und NUWEL (PwC Schweiz)	90
4	DCF mit Varianten MuKEn und MINERGIE (SEK-SVIT)	101
5	Nachhaltigkeit bei Projektwettbewerb Arealentwicklung (Immobilien Basel-Stadt)	106
6	Neubauprojekt mit Nachhaltigkeitsbeurteilungen (Suva)	109
7	Sanierungsvarianten (Pensionskasse der Zürcher Kantonalbank)	112
8	Sanierungsvarianten mit Immogreen (Max Pfister Bau AG)	114
9	Portfolioanalyse mit ESI (Migros-Pensionskasse)	117
10	Portfolioanalyse mit ESI (Swisscanto)	120

Abbildungsverzeichnis

1	Investitionsentscheidungen im Lebenszyklus von Immobilien	18
2	Grundkonzept der Nachhaltigkeit	23
3	Energieetikette als Beispiel für ein Rating	28
4	Symmetrisches und asymmetrisches Risiko bei Immobilieninvestitionen	35
5	Triple-win-Situationen als Ausnahme	37
6	Nachhaltige Immobilieninvestitionen mit Fokus auf langfristigen wirtschaftlichen Nutzen	40
7	Determinanten der Wertentwicklung	46
8	Verteilung der Auswirkungen des Subindikators «Grundriss» auf die Cashflows	71
9	Auswirkung der Subindikatoren «Öffentlicher Verkehr» und «Heizwärmebedarf» auf die Cashflows	75
10	Verteilung der geschätzten Immobilienwerte – mit und ohne Subindikator «Heizwärmebedarf»	76
11	ESI-Indikator als Grundlage für Investitionsentscheidungen entlang des Lebenszyklus	83
12	Zusammenhang Rendite und Nachhaltigkeitsrisiko	119
13	Entwicklung der Verbreitung der Zahlungsbereitschaft	132
14	Verbreitung der Zahlungsbereitschaft nach Nutzungstyp	133
15	Verbreitung der Zahlungsbereitschaft nach Nachhaltigkeitsmerkmal	133

Tabellenverzeichnis

1	Nachhaltigkeitsansätze im Bau- und Immobilienbereich im Überblick	26
2	Relevante Rahmenbedingungen im Überblick	50
3	Die Wirkung von Rahmenbedingungen auf den Wohn- und Geschäftsliegenschaftsmarkt im Detail	55
4	Nachhaltigkeitsmerkmale aus finanzieller Sicht	62
5	Subindikatoren nach Nutzungstyp im Überblick	66
6	Resultat der Gewichtung	79
7	Phasengliederung der Planungsleistungen nach dem Leistungsmodell SIA 112	105
8	Zahlungsbereitschaft für Nachhaltigkeitsmerkmale bei Wohnliegenschaften im Überblick	126
9	Zahlungsbereitschaft für Nachhaltigkeitslabels im Überblick	135
10	Codierungen für die ESI-Indikatoren im Überblick	140
11	NUWEL-Checkliste	152

Vorwort

Immobilien sind langfristige Kapitalanlagen, bei denen Rendite und Risiko von grosser Bedeutung sind. Die wirtschaftliche Lage, der demografische Wandel, aber auch steigende Energiepreise oder Naturgefahren beeinflussen den Wert einer Immobilie und stellen daher je nach Entwicklung entweder eine Chance oder ein Risiko dar. Die Berücksichtigung von Nachhaltigkeitskriterien trägt zur Risikominimierung bei. Insbesondere senkt sie die Gefahr, in einigen Jahren nicht mehr den Anforderungen der Zeit – und des Marktes – zu genügen.

Nachhaltigkeit fand im Nachgang zur Erdölkrise der 1970er-Jahre Eingang ins politische Vokabular. Zunächst stark von der Ökologie und der Sorge um die Ressourcenknappheit geprägt, hat sich das Nachhaltigkeitsverständnis zur heute anerkannten dreifachen Verantwortung für Umwelt, Gesellschaft und Wirtschaftlichkeit entwickelt. Zunächst wurden diese Aspekte als widersprüchlich wahrgenommen: Ökologisches oder soziales Handeln kostet, muss also in der Regel mit ökonomischen Opfern erkauft werden. Die neuere empirische Forschung, insbesondere auch die Arbeiten des Center for Corporate Responsibility and Sustainability an der Universität Zürich, zeigen das Gegenteil. Langfristig zahlt sich ökologisches und soziales Handeln auch wirtschaftlich aus: Die drei Säulen der Nachhaltigkeit ergänzen sich gegenseitig und stehen zueinander in einem synergetischen Verhältnis.

Die Beispiele im Buch zeigen, wie Nachhaltigkeit systematisch in Geschäftsprozesse integriert wird – auch bei der Zürcher Kantonalbank. Nachhaltigkeitsüberlegungen fliessen zudem im eigenen Betrieb ein. Bis Ende 2017 will die Zürcher Kantonalbank durch das betriebliche Umweltprogramm ihre CO_2-Emissionen um weitere 20 Prozent senken. Im Jahr 2015 wird der umgebaute Hauptsitz – ein Leuchtturmprojekt für die Bank – eingeweiht. Dieser erfüllt den MINERGIE-Umbaustandard. Er erhält ein modernes Gebäudeleitsystem zur Steuerung des Energieverbrauchs und wird mit Seewasser beheizt und gekühlt. Strom- und Wasserbedarf des Gebäudes werden gesenkt, die Luftverschmutzung vermindert – ein Beitrag an die Erhöhung der Lebensqualität.

János Blum
Mitglied des Präsidiums der Zürcher Kantonalbank

Dank

Der Inhalt des Buches basiert auf Arbeiten, die wir in Kooperation mit zahlreichen Praxispartnern am Zentrum für Unternehmensverantwortung und Nachhaltigkeit (Center for Corporate Responsibility and Sustainability CCRS) an der Universität Zürich seit 2005 zum Thema «Nachhaltigkeit von Immobilien aus finanzieller Sicht» durchgeführt haben. Einzelne Aspekte wurden bereits früher publiziert. Mit diesem Buch wird die über die Jahre schrittweise entstandene Gesamtsicht gezeigt. Wir danken an dieser Stelle allen, die uns mit ihren Fragen herausgefordert und mit Gesprächen, Diskussionen und Daten zum Prozess des Suchens und Findens beigetragen haben. Insbesondere danken wir Iván Antón, Peter Ascari, Rolf Borner, Andreas Brühlmann, Daniel Conca, Urs Fäs, Franz Fischer, Martin Frei, Niels Holthausen, Christoph König, Markus Koschenz, Florian Kuprecht, Tanja Lütolf, Beat Ochsner, Kurt Ritz, Christof Rüegg, Daniel Sager, Marco Salvi, Heinz Stecher, Marcel Stieger, Roland Stulz, Karl Theiler und Rolf Truninger.

Ermöglicht wurden die Arbeiten auch durch finanzielle Beiträge an die Forschungsprogramme des CCRS. Seit 2006 namhaft unterstützt wurden die Arbeiten des CCRS von der Zürcher Kantonalbank. Regelmässige Beiträge haben auch CBRE, Implenia, Max Pfister Baubüro, SEK-SVIT, SIV, Stadt Basel, Stadt Zürich, Steiner, Suva und Swisscanto geleistet.

Christian Bächinger, Rudolf Marty und Merja De Nardo danken wir für ihre Unterstützung beim Verfassen des Manuskripts und Beat Ochsner für die wertvollen Kommentare zum Buch. NZZ Libro danken wir für die Ermunterung, dieses Vorhaben anzugehen. Schliesslich danken wir unseren Familien – sie sorgen dafür, dass wir bei aller Begeisterung für die Forschung und deren Umsetzung das Essenzielle im Leben nicht aus den Augen verlieren.

Erika Meins und Hans-Peter Burkhard
Zürich, im August 2014

Executive Summary

Viele Entscheidungen im Zusammenhang mit Immobilien sind im Kern Investitionsentscheidungen. Wie bei jeder Kapitalanlage sind dabei Rendite und Risiko als Entscheidungskriterien einzubeziehen. Zur Beurteilung der Rentabilität stehen heute eine Vielzahl von Methoden und Verfahren zur Verfügung. Zur Beurteilung der mit Immobilieninvestitionen verbundenen Risiken fehlen jedoch anerkannte Methoden. In diesem Buch zeigen wir, dass das auf Langfristigkeit angelegte Nachhaltigkeitskonzept ein taugliches Mittel für die Risikobeurteilung ist.

Nachhaltige Immobilien reduzieren das Risiko, dass Immobilien aufgrund veränderter Rahmenbedingungen künftig an Wert verlieren. Immobilienmerkmale, welche negative soziale und/oder ökologische Auswirkungen haben, erhöhen dieses Risiko. Vorgeschlagen wird, das Risiko mit dem Economic Sustainability Indicator (ESI) zu messen. Dieser wird gebildet mit den Nachhaltigkeitsmerkmalen Flexibilität und Polyvalenz, Ressourcenverbrauch und Treibhausgase, Standort und Mobilität, Sicherheit sowie Gesundheit und Komfort. Mit szenarienbasierten DCF-Schätzungen wird mittels Risikosimulationen gezeigt, dass Mehrfamilienhäuser in der Schweiz v.a. dann das relativ tiefste Risiko eines Wertverlusts haben, wenn sie einen tiefen Heizwärmebedarf, einen guten Anschluss an den öffentlichen Verkehr, ausreichend Tageslicht sowie eine grosszügige Geschosshöhe aufweisen.

Wie Nachhaltigkeit entlang des gesamten Lebenszyklus konkret in Investitionsentscheidungen einbezogen werden kann, zeigen die Praxisbeispiele zu Immobilienbewertung, Arealentwicklung, Neubau, Sanierungsentscheidungen sowie Portfolioanalysen. Zusätzlich zeigen wir auf, dass der Einbezug von Nachhaltigkeit vom Markt honoriert wird: Untersuchungen des Einflusses ausgewählter Immobilienmerkmale auf tatsächliche Transaktionspreise bzw. erzielte Mieten zeigen eine Bereitschaft des Marktes, für nachhaltige Immobilien einen Aufpreis zu zahlen.

1 Grundlagen und Herausforderungen

Im Jahr 2012 wurden in der Schweiz rund 56 Milliarden CHF in Bauten investiert.[1] Jeder zehnte Franken des erwirtschafteten Bruttoinlandsprodukts fliesst in Bauten. Zwei Drittel der Ausgaben werden durch private und ein Drittel durch öffentliche Auftraggeber getätigt. Rund drei Viertel fliessen in Hochbauten, die in der Regel auf lange Lebenszyklen von 60 bis 100 Jahren ausgerichtet sind und auch künftigen Generationen noch Nutzen stiften sollen. Es ist deshalb offensichtlich, dass der Bausektor für eine nachhaltige Entwicklung von grosser Bedeutung ist – sowohl für die Nachhaltigkeitsstrategie des Bundesrates wie auch für Nachhaltigkeitsziele von Unternehmen und Einzelpersonen.

Ausgelöst werden Bauinvestitionen durch eine Vielzahl von Investitionsentscheiden. Solche Entscheide sind nicht nur am Anfang, sondern während des ganzen Lebenszyklus von Immobilien immer wieder zu fällen. Bauherrschaften und Eigentümer entscheiden über technische und wirtschaftliche Fragen bezüglich Standort, Nutzungen, Baukonzepten und -standards, Vermietung und Verkauf, Unterhalt und Erneuerung, Abbruch und Ersatzbau. Anleger entscheiden, ob bzw. wie stark sie in welche Art von Immobilien investieren wollen.

In diesem Buch steht die finanzielle Seite von Entscheidungen über Immobilieninvestitionen im Zentrum. Das Buch richtet sich an Investoren, Immobiliendienstleister, Bewerter, Finanzierungsfachleute, Entscheidungsträger der öffentlichen Hand sowie an Teilnehmende von Aus- und Weiterbildungen, denen die langfristige Wertentwicklung von Immobilien wichtig ist. Neben Rendite- bzw. Nutzenüberlegungen werden vermehrt auch Wertentwicklungsrisiken in die Überlegungen miteinbezogen, und ökologische und gesellschaftliche Nachhaltigkeitsaspekte werden stärker als bisher üblich berücksichtigt. Ziel des Buches ist es, aufzuzeigen, wie Nachhaltigkeit entlang des gesamten Lebenszyklus in Investitionsentscheide einbezogen werden kann, um die langfristige finanzielle Performance zu verbessern (siehe Abbildung 1).

Das Buch beschreibt bestehende Grundlagen zur Beurteilung der Nachhaltigkeit von Immobilien in der Schweiz, präsentiert ein Konzept zur Nachhaltigkeit von Immobilien aus Investitionssicht und konkretisiert anhand von Beispielen die Anwendung in der immobilienwirt-

---

[1] Bundesamt für Statistik 2012: Bauausgaben 61,6 Mia. CHF (davon Investitionen 56,3 Mia. CHF und Unterhaltsarbeiten 5,3 Mia. CHF).

schaftlichen Praxis. Zudem bietet es einen Überblick über Untersuchungen zur Zahlungsbereitschaft für die Nachhaltigkeit von Immobilien.

1.1 Immobilieninvestitionen

1.1.1 Immobilienentscheidungen als Investitionsentscheidungen und Begriffe

Viele Entscheidungen im Zusammenhang mit Immobilien sind im Kern Investitionsentscheidungen. Dies gilt sowohl für Bau- oder Sanierungsentscheidungen wie auch für Transaktionen und Finanzierungen. Entschieden wird über den Einsatz finanzieller Mittel in Hinsicht und Erwartung künftiger Erträge. Bei Renditeobjekten wird eine gute finanzielle Performance erwartet, bei selbstgenutzten Gebäuden sowie bei öffentlichen Gebäuden ein möglichst hoher Nutzen als Wohn- oder Arbeitsraum bzw. als Schule oder Spital. Charakteristisch ist der lange Lebenszyklus von Immobilien und somit ein langer Anlagehorizont von 60 bis 100 Jahren. Im Verlaufe dieser Zeit entstehen mehrere Entscheidungssituationen (siehe Abbildung 1).

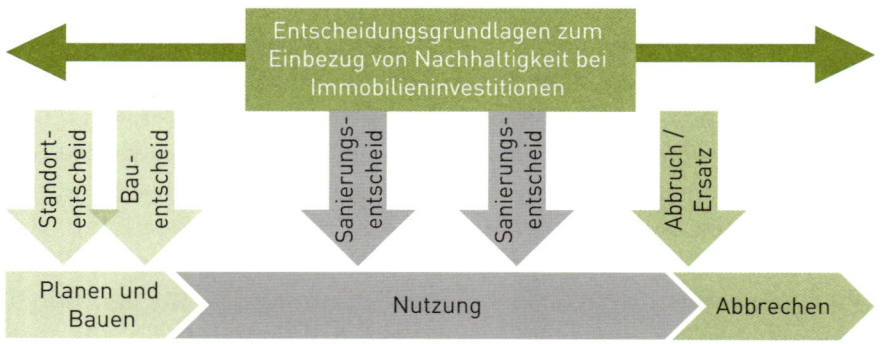

Quelle: eigene Darstellung.

Abbildung 1: Investitionsentscheidungen im Lebenszyklus von Immobilien.

Für den Begriff «Immobilie» stützen wir uns auf die ökonomische Definition von Schulte et al. (2008). Danach sind Immobilien Wirtschaftsgüter, «die aus unbebauten Grundstücken oder bebauten Grundstücken mit dazugehörigen Gebäuden und Aussenanlagen bestehen». Unter dem Begriff «Investition» verstehen wir «eine Zahlungsreihe, die in der Regel mit einer Auszahlung beginnt, auf die zu späteren Zeitpunkten (unsichere) Einzahlungen folgen» (Schmidt und Terberger 1997). Bei Immobilieninvestitionen sind dies Auszahlungen für Bau, Betrieb, Unterhalt und Erneuerung sowie Einzahlungen aus Verkauf oder Vermietung.

Weil sich Immobilien stark von anderen Wirtschaftsgütern unterscheiden, weisen direkte Immobilieninvestitionen[2] im Vergleich zu anderen Investitionen verschiedene Besonderheiten auf:
- Der Entwicklungsprozess von der Projektidee bis zur Übergabe einer Immobilie an den Nutzer dauert in der Regel mehrere Jahre. Der Abstand zwischen Auszahlung und erster Einzahlung ist deshalb v. a. bei grösseren Investitionsobjekten relativ gross.
- Immobilien sind langlebige Investitionsobjekte. Bei Lebenszyklen von 30 und mehr Jahren ist der Abstand zwischen Auszahlungen und letzter Einzahlung deshalb sehr gross. Innerhalb einer derart langen Periode können sich Nutzerbedürfnisse (Nachfrage) und Rahmenbedingungen (z. B. Standortattraktivität, Bauordnung) stark ändern. Die Einzahlungen sind deshalb mit grösseren Unsicherheiten verbunden.
- Die Investitionsobjekte sind standortgebunden, auf ein spezifisches Umfeld ausgerichtet und deshalb einzigartig. Dies führt dazu, dass der Gebäudepark sehr heterogen ist, was sich erschwerend auf die Bewertung einer Investition auswirkt.
- Es geht häufig um grosse Investitionsvolumina und einen langfristigen Kapitaleinsatz in komplexe Investitionsobjekte. Der Schaden im Fall einer Fehlentscheidung ist deshalb meist grösser.
- Immobilieninvestitionen sind mit vergleichsweise hohen Transaktionskosten verbunden. Diese sind Folge der begrenzten Anzahl Anbieter und Nachfrager, einer hohen Intransparenz des Immobilienmarktes sowie relativ hoher direkter Kosten durch Handänderungssteuern oder Grundbuchgebühren.

Aufgrund dieser Besonderheiten sind Immobilieninvestitionen im Vergleich zu Investitionen in andere Wirtschaftsgüter tendenziell mit mehr Unsicherheiten behaftet und im Falle einer Fehlinvestition mit grösserem Schaden verbunden. Dies stellt hohe Anforderungen an Entscheidungsgrundlagen.

---

[2] Wenn im Folgenden von Immobilieninvestitionen die Rede ist, sind jeweils direkte Investitionen in Immobilien gemeint, also nicht indirekte Investitionen wie Fonds.

1.1.2 Rentabilität und Risiken als Entscheidungsgrundlage

Eine wichtige Entscheidungsgrundlage für Investitionsentscheidungen sind Investitionsrechnungen oder Rentabilitätsberechnungen.[3] Sie setzen Auszahlungen (Kosten) und Einzahlungen (Erträge) zueinander ins Verhältnis und ermöglichen dadurch eine rationale Beurteilung der Zahlungsströme. Für die Ermittlung der Rentabilität stehen heute verschiedene Methoden zur Verfügung, die von Bauherrschaften, Projektentwicklern und Finanzierungsinstituten routinemässig eingesetzt werden. Sie berücksichtigen u.a. Grundrisse, Bauqualität und Unterhaltsaufwand sowie Bau- oder Sanierungskosten ebenso wie Standorteigenschaften und -perspektiven und versuchen, diese in eine Kennzahl zu verdichten. Je nach Beurteilungsziel stehen dafür verschiedene Renditekennzahlen zur Verfügung, wie die statische Anfangsrendite oder die dynamische Cashflow-Rendite (für eine ausführlichere Darstellung siehe Kapitel 2.1).

Rentabilitätsberechnungen sind allerdings letztlich reine Schätzungen. Ob die geschätzte Rendite auch tatsächlich erzielt werden kann, hängt davon ab, ob die künftigen Kosten und Erträge effektiv so anfallen wie erwartet. Jede Investitionsentscheidung ist also mit Risiken behaftet. Gleich wie bei anderen Anlagekategorien muss infolgedessen auch bei Immobilien neben der Rendite das Risiko mitberücksichtigt werden. Eine zweite wichtige Entscheidungsgrundlage ist deshalb die Risikobeurteilung.

Risikobeurteilungen sind bei allen Anlagekategorien anspruchsvoll. Anders als beispielsweise bei Aktienanlagen gibt es bei Immobilieninvestitionen aber kaum anerkannte Methoden, um Risiken zu erfassen und zu beurteilen. Zurückzuführen ist dies auf die Tatsache, dass jede Immobilie einzigartig ist und deshalb keine direkten Vergleichsmöglichkeiten bestehen. Zurückzuführen ist es aber auch auf den langfristigen Anlagehorizont: Je weiter in der Zukunft Kosten und Erträge anfallen, desto höher sind die damit verbundenen Unsicherheiten.

Herkömmliche Entscheidungsgrundlagen fokussieren deshalb oft auf eine (laufende) jährliche Rendite und damit auf einen kurzfristigen Horizont. Weil dabei Veränderungen in der Zukunft ausgeklammert und Risiken ausgeblendet werden, taugen solche kurzfristig orientierten Kennzahlen allerdings kaum für Investitionsentscheide in langlebige Güter wie Immobilien. Zu einer umfassenden Beurteilung gehören

---

3 Grundlagen zur Rentabilität aus Brauer (2011) und aus Schulte et al. (2008).

die langfristige (Nachhaltigkeits-)Optik und damit auch Risiken künftiger Zahlungsströme sowie der künftigen Wertentwicklung.

1.2 Nachhaltigkeit

1.2.1 Nachhaltigkeit im Allgemeinen

Der Begriff «Nachhaltigkeit» ist zu einem Modewort geworden, das inflationär in allen möglichen und unmöglichen Zusammenhängen für alles verwendet wird, was etwas länger dauert. Wenn heute von Nachhaltigkeit gesprochen wird, ist häufig nicht sofort klar, was der Absender (Schreiber, Redner) damit meint. So bleibt es dem Empfänger (Leser, Zuhörer) überlassen, den Begriff mit eigenen Vorstellungen zu füllen. Der Begriff wird manchmal als Synonym für Umweltverträglichkeit gebraucht, manchmal ideologisierend als Rezept zur Rettung der Welt. Wer also von Nachhaltigkeit spricht, muss sagen, was sie oder er damit genau meint. Das gilt in allen Bereichen der Politik (der Verkehrspolitik, der Energiepolitik, der Umweltpolitik, der Raumplanung u.a.m.) sowie bei allen Entscheidungen von Unternehmen und Einzelpersonen und damit auch für Entscheidungen im Zusammenhang mit Immobilien.

Es gibt eine Vielzahl von Begriffsdefinitionen, die Nachhaltigkeit und nachhaltige Entwicklung zu fassen versuchen. Den vielen allgemeinen Definitionen wollen wir keine weitere hinzufügen, sondern vielmehr jene Wesensmerkmale herausarbeiten, die den Bezugsrahmen für die weitergehenden Überlegungen zu Immobilieninvestitionen schaffen.

Das Konzept einer nachhaltigen Entwicklung geht auf Hans Carl von Carlowitz zurück, der als Reaktion auf die Übernutzung der Wälder im Jahr 1713 mit seiner Abhandlung *Sylvicultura oeconomica* eine «nachhaltende Nutzung» des Waldes forderte.[4] Er konkretisierte die Idee eines schonenden Umgangs mit natürlichen Ressourcen als lebenswichtige Grundlage für Menschen so, dass pro Zeitperiode nicht mehr Holz geschlagen werden darf, als auf der gleichen Fläche wieder nachwächst.

Ausgangspunkt des heutigen Nachhaltigkeitsverständnisses ist die sogenannte Brundtland-Definition. Gemäss dieser ist eine nachhaltige Entwicklung «eine Entwicklung, die gewährleistet, dass die Bedürfnisse der heutigen Generation befriedigt werden, ohne die Möglichkeiten künftiger Generationen zur Befriedigung ihrer eigenen Bedürfnisse

---

4 Hans Carl von Carlowitz (2009/1713).

zu beeinträchtigen».[5] Die Auslegung dieser Definition beinhaltet folgende zentrale Elemente:

a) Eine erweiterte *zeitliche Dimension:* Nachhaltigkeit beschreibt eine Betrachtungsweise, die nicht auf eine Quartals- oder Jahresoptik oder auf kurzfristige Gewinne der eigenen Generation fokussiert, sondern auf eine lange Frist und damit auch auf künftige Generationen.

b) Ein *dreidimensionales Zielsystem* (die Triple Bottom Line): Seit dem UNCED-Erdgipfel in Rio[6] beschreibt Nachhaltigkeit eine Betrachtungsweise, bei welcher die *drei Nachhaltigkeitsdimensionen «Umwelt», «Gesellschaft» und «Wirtschaft»* gleichzeitig und gleichwertig in Entscheide miteinbezogen werden (siehe Abbildung 2).[7]

c) Die *Dynamik*: Nachhaltigkeit beschreibt eine Betrachtungsweise, bei welcher es nicht um eine statische Betrachtung oder um eine Beschreibung eines Zustandes geht, sondern vielmehr um die Beschreibung einer Entwicklung; es handelt sich also um ein *dynamisches Konzept*. Dahinter liegt die Erkenntnis, dass sich durch Veränderungen physischer oder politischer Rahmenbedingungen – oder durch Veränderungen der Märkte – im Laufe der Zeit unterschiedliche Einflüsse in einer komplexen Weise zu einer Gesamtwirkung verbinden, die nicht aus der Extrapolation der Vergangenheit erkannt werden kann.

d) Eine *ethische Dimension*: Nachhaltigkeit beschreibt eine Betrachtungsweise, nach welcher die Möglichkeiten künftiger Generationen, dereinst ihre Bedürfnisse zu befriedigen, ebenso wichtig sind wie die kurzfristigen Bedürfnisse der heutigen Generation und nach welcher die Chancen künftiger Generationen nicht durch physische und finanzielle Altlasten geschmälert werden, welche die heutige Generation als Folge kurzfristiger Profitmaximierung hinterlässt.

Die Dreidimensionalität, der erweiterte zeitliche Horizont und die Dynamik des Nachhaltigkeitsansatzes führen in der Praxis zu Zielkonflikten. Der Umgang mit diesen ist anspruchsvoll.

---

[5] World Commission on Environment and Development, 1987.
[6] UN Conference on Environment and Development, Rio de Janeiro, 1992.
[7] Zum Triple-Bottom-Line-Ansatz siehe z.B. Elkington 1998.

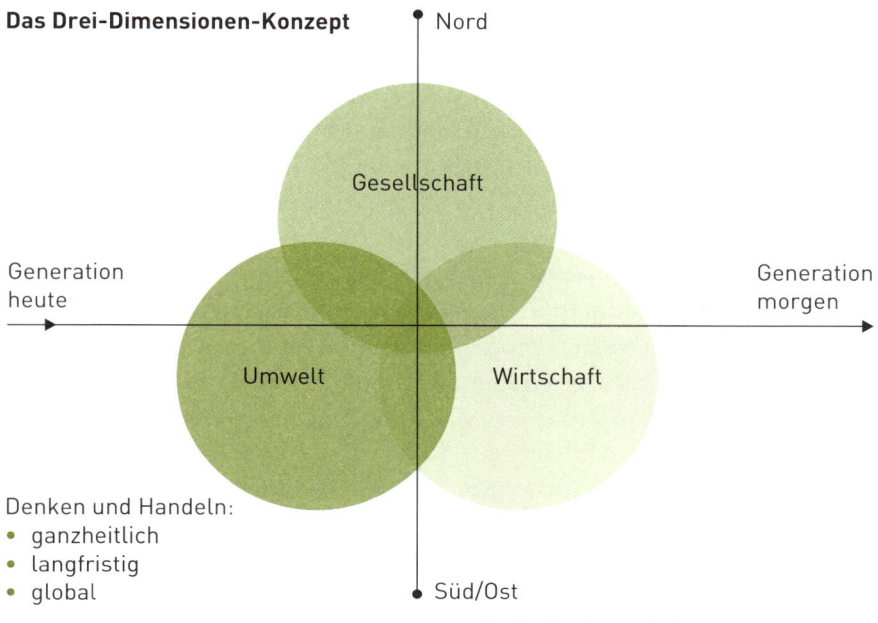

Quelle: Bundesamt für Raumentwicklung 2012.

Abbildung 2: Grundkonzept der Nachhaltigkeit.

1.2.2 Nachhaltigkeit als Staatsziel der Schweiz

In der Schweiz ist Nachhaltigkeit seit 1999 in der Bundesverfassung verankert. Gemäss deren Artikel 2 (Zweckartikel) fördert die Schweizerische Eidgenossenschaft die nachhaltige Entwicklung. Nachhaltigkeit gehört damit zur gleichen hierarchischen Ebene der Staatsziele wie die Freiheit und die Rechte des Volkes, die Unabhängigkeit und die Sicherheit des Landes, die gemeinsame Wohlfahrt, der innere Zusammenhalt, die kulturelle Vielfalt des Landes und die Chancengleichheit unter den Bürgerinnen und Bürgern. Der «Nachhaltigkeitsartikel» (Artikel 73) verpflichtet Bund und Kantone, ein auf Dauer ausgewogenes Verhältnis zwischen der Natur und ihrer Erneuerungsfähigkeit einerseits und ihrer Beanspruchung durch den Menschen andererseits anzustreben. In zahlreichen weiteren Artikeln der Bundesverfassung werden konkrete Nachhaltigkeitsziele bezüglich Umwelt, Wirtschaft und sozialer Herausforderungen formuliert, die in eine umfassende Beurteilung einzubeziehen sind. Ähnlich wie beim Bund ist die nachhaltige Entwicklung auch in verschiedenen Kantonen auf Verfassungsebene verankert.

Inhaltlich stützt sich die Schweiz auf das Nachhaltigkeitsverständnis der «Erklärung von Rio zu Umwelt und Entwicklung» der Vereinten Nationen von 1992 mit den drei in Abbildung 2 veranschaulichten Dimensionen «Umwelt», «Gesellschaft» und «Wirtschaft».

In der «Strategie Nachhaltige Entwicklung», die der Bundesrat im Rahmen der Legislaturplanung periodisch verabschiedet, sind die Prioritäten der Nachhaltigkeitspolitik festgelegt. Zur «Strategie 2012–2015» – es handelt sich um die vierte seit 1997 – gehört der «Aktionsplan 2012–2015». Im Bereich nachhaltiges Bauen enthält dieser Aktionsplan bereits laufende Massnahmen (Ziff. 4a): Der Bausektor soll sich grundsätzlich nach den Leitlinien der Nachhaltigkeitsstrategie richten. Zur zielgerechten Förderung der vielfältigen Aktivitäten im Bereich des nachhaltigen Bauens «unterstützt der Bund die Gründung eines Netzwerks für nachhaltiges Bauen sowie auch die Entwicklung eines Standards für nachhaltiges Bauen, der von einem umfassenden Nachhaltigkeitsverständnis ausgeht». Weiter «beschafft er Bauleistungen und Bauwerke, die über ihren gesamten Lebensweg sehr hohen wirtschaftlichen, sozialen und ökologischen Anforderungen genügen», nimmt im Rahmen seiner Zuständigkeiten «Einfluss auf die Normen und Regelungen im Baubereich» und «verwaltet sein umfangreiches Immobilienportfolio nach Kriterien der Nachhaltigen Entwicklung».

Die erarbeiteten Grundlagen zur Umsetzung sind im «Wegweiser» des Amtes für Raumentwicklung, der verantwortlichen Fachstelle des Bundes, übersichtlich zusammengestellt (Bundesamt für Raumentwicklung 2012). Das «Netzwerk Nachhaltiges Bauen Schweiz» (NNBS) wurde am 13. Juni 2013 lanciert. Gleichzeitig wurde der neue «Standard Nachhaltiges Bauen Schweiz» (SNBS) für eine Pilotphase freigegeben.

1.2.3 Ansätze zur Beurteilung der Nachhaltigkeit von Immobilien in der Schweiz

Es gibt heute in der Praxis verschiedene Ansätze, die darauf fokussieren, welche Merkmale Gebäude oder Immobilien aufweisen müssen, damit sie als nachhaltig bezeichnet werden können. Mittlerweile sind es international derart viele Beurteilungsinstrumente, dass zuweilen von einem «Nachhaltigkeitsdschungel» gesprochen wird. Wir geben im Folgenden einen Überblick über jene Instrumente, die in der Schweiz hauptsächlich zum Einsatz gelangen. Eine synoptische Darstellung findet sich in Tabelle 1 (Übersicht der Nachhaltigkeitsansätze im Bau- und Immobilienbereich).

a) Zu unterscheiden ist zunächst nach dem thematischen Fokus: Sind es Teilaspekte (z. B. energetische Merkmale) oder liegt der Fokus auf einem umfassenden Nachhaltigkeitsverständnis, welches Umwelt, Gesellschaft und Wirtschaft einschliesst:

- Breit bekannt sind in der Schweiz bisher v. a. die energiebezogenen Instrumente: die MINERGIE-Standards und die Energieetikette des GEAK-Ratings. Beide fokussieren im Wesentlichen auf den Energiebereich. Der MINERGIE-Standard unterscheidet mehrere Anforderungsstufen: MINERGIE, MINERGIE-P und MINERGIE-A. Er schliesst Komfortaspekte in die Beurteilung ein. Mit dem MINERGIE-ECO-Zusatz werden auch Aspekte der Gesundheit und der Bauökologie einbezogen.

- Als Grundlage für eine umfassende Beurteilung der Nachhaltigkeit wurde 2004 die Empfehlung 112/1 (SIA 2004) «Nachhaltiges Bauen – Hochbau» erarbeitet. Diese beschreibt Kriterien aus den Dimensionen «Umwelt», «Gesellschaft» und «Wirtschaft», die beim nachhaltigen Bauen berücksichtigt werden sollen.[8] Eine konkrete Messung der Nachhaltigkeit einer Immobilie ist damit noch nicht möglich, da Indikatoren und Gewichtungen fehlen. Mit dem am Center for Corporate Responsibility and Sustainability (CCRS) der Universität Zürich von Meins und Burkhard (2007) entwickelten Economic Sustainability Indicator (ESI) ist dies möglich. Seit 2013 liegt zudem die Testversion des neuen Schweizer Standards Nachhaltiges Bauen SNBS vor (mehr dazu im nächsten Abschnitt).

b) Zu unterscheiden ist sodann zwischen Standards, Ratings und Leitfaden:

- Ein *Standard* ist eine einheitliche, breit anerkannte Art und Weise, etwas herzustellen oder durchzuführen. Standards definieren ein Ziel oder eine Qualität. Ein Standard kann in einem formalisierten oder nicht formalisierten Verfahren entstehen bzw. einen sich ungeplant ergebenden Regelfall darstellen. Ein Standard ist entweder eingehalten oder nicht.
Eine Immobilie entspricht einem Nachhaltigkeitsstandard, wenn die geforderten technischen Merkmale in ausreichender Quantität entsprechend der definierten Qualität vorhanden sind.

---

[8] Zurzeit wird die Empfehlung vom SIA (vom Schweizerischen Ingenieur- und Architektenverein) überarbeitet. Vorgesehen ist, den Inhalt in eine Norm zu überführen.

Tabelle 1: Nachhaltigkeitsansätze im Bau- und Immobilienbereich im Überblick.

		Kurzbeschrieb	Funktion			Thematischer Fokus			Beurteilungsoptik	
			Standard	Rating	Leitfaden	Umfassende Nachhaltigkeit	Energie	Technisch	Finanziell	
ESI®	Economic Sustainability Indicator	Rating für finanzielle Nachhaltigkeit von Immobilien. Beurteilt das Risiko für die Wertentwicklung anhand von fünf Nachhaltigkeitsmerkmalen.		X		X			X	
GEAK®	Gebäudeenergieausweis der Kantone	Beurteilt den energetischen Ist-Zustand eines Gebäudes.		X			X	X		
LEED	Leadership in Energy and Environmental Design	Label für nachhaltiges Bauen. Hauptkriterien: nachhaltige Standorte, Wassereffizienz, Energieeffizienz, nachhaltige Baumaterialien, Umweltqualität innerhalb des Gebäudes (Luftqualität, Tageslicht und Aussicht).	X			X		X		
MINERGIE®		Label für Energieeffizienz sowie Wohn- und Arbeitskomfort. Leitgrösse ist der spezifische Energieverbrauch.	X				X	X		
MuKEn	Mustervorschriften der Kantone im Energiebereich	Gesamtpaket energierechtlicher Vorschriften im Gebäudebereich. Vereinbarung der Energiedirektorenkonferenz, welche weitestgehend durch die Kantone umgesetzt wurde.	X				X	X		
NUWEL	Leitfaden «Nachhaltigkeit und Wertermittlung von Immobilien»	Einbezug Nachhaltigkeitsmerkmale und deren Einfluss auf die Wertentwicklung: Standort, Grundstück, Gebäude und Prozesse.			X	X			X	

		Kurzbeschrieb	Funktion			Thematischer Fokus		Beurteilungsoptik	
			Standard	Rating	Leitfaden	Umfassende Nachhaltigkeit	Energie	Technisch	Finanziell
SGNI	Schweizer Gesellschaft für Nachhaltige Immobilienwirtschaft	Label für nachhaltiges Bauen, basierend auf dem Label der Deutschen Gesellschaft für Nachhaltiges Bauen (DGNB).	X			X		X	
SIA 112/1	Empfehlung SIA 112/1 «Nachhaltiges Bauen – Hochbau»	Grundlage zur Verständigung zwischen Auftraggebenden und Planenden bei der Bestellung und Erbringung spezieller Planerleistungen für nachhaltiges Bauen in den Bereichen Gesellschaft, Wirtschaft und Umwelt.			X	X		X	
SIA 2040 Effizienzpfad	Merkblatt SIA-Effizienzpfad Energie (SIA 2040)	Leitfaden für gesamtenergetische Betrachtung: Betriebsenergie, Graue Energie, Energie für standortabhängige Mobilität – für die Umsetzung der 2000-Watt-Gesellschaft.			X		X	X	
SNBS	Standard Nachhaltiges Bauen Schweiz	Standard für nachhaltiges Bauen, berücksichtigt die drei Dimensionen der Nachhaltigkeit (in Testphase)	X			X		X	
SVS	Swiss Valuation Standards	Best-Practice-Empfehlungen für die Immobilienbewertung mit besonderem Kapitel zur Nachhaltigkeit.	X			X			X

Quelle: eigene Darstellung.

Nachhaltigkeitsstandards bei Immobilien sind in der Regel ausgerichtet auf die Planungs- und Bauphase bei Neubauten oder Sanierungen. Standards, welche Anforderungen an den Betrieb beschreiben, fehlen bis heute.

Ein Beispiel im schweizerischen Bankkontext sind die MINERGIE-Standards. Standards für eine umfassende Beurteilung der Nachhaltigkeit waren bis vor Kurzem ausschliesslich ausländischen Ursprungs: der amerikanische LEED-Standard, der britische BREEAM-Standard oder der deutsche DGNB-Standard. Zu Letzterem gibt es eine Schweizer Version, den SGNI-Standard, der auf der Basis der DGNB-Systematik für die Schweiz entwickelt wurde. Seit 2013 liegt die Testversion des neuen Schweizer Standards SNBS vor. Dessen Kriterienkatalog stützt sich auf bestehende schweizerische Normen und Richtlinien wie SIA-Normen, ecobau und MINERGIE-ECO. Dieser Standard ist bisher für Mehrfamilienhäuser und Bürogebäude spezifiziert worden.

Standards können nicht nur technische Anforderungen beschreiben, sondern auch regeln, wie eine finanzielle Bewertung einer Immobilie zu erfolgen hat. Ein Beispiel dafür sind die Swiss Valuation Standards (SVS), in welchen Vorgaben zum Umgang mit Nachhaltigkeit bei Immobilienbewertungen definiert sind.

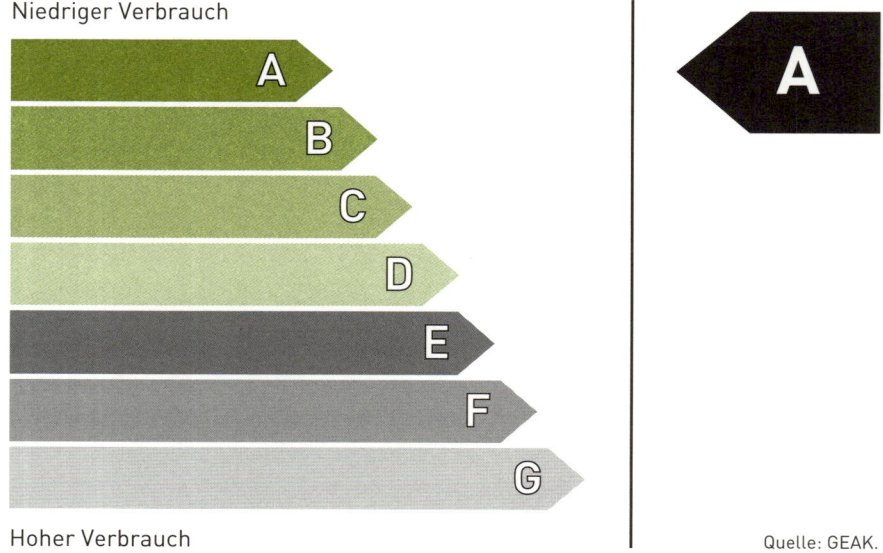

Abbildung 3: Energieetikette als Beispiel für ein Rating.

- *Ratings* beschreiben auf einer definierten Skala (z. B. von A bis G; siehe Abbildung 3), in welchem Ausmass bestimmte Qualitätsmerkmale eines Gebäudes oder einer Immobilie erreicht sind. Dies ist grundsätzlich zu jedem beliebigen Zeitpunkt im Lebenszyklus eines Gebäudes oder einer Immobilie möglich. Beispiele im schweizerischen Kontext sind der Gebäudeenergieausweis der Kantone (GEAK) oder der Economic Sustainability Indicator des CCRS (ESI).
- Bei einem *Leitfaden* steht in der Regel nicht die Definition eines Ziels im Vordergrund, sondern eine Anleitung, wie ein Ziel erreicht werden kann. Ein Beispiel dafür ist der «SIA-Effizienzpfad Energie» (SIA 2010), welcher Empfehlungen für die Umsetzung der 2000-Watt-Gesellschaft enthält, oder der Leitfaden «Nachhaltigkeit und Wertermittlung von Immobilien» (NUWEL) der Bewerterverbände, welcher aufzeigt, wie Nachhaltigkeit bei Immobilienbewertungen einbezogen werden kann.

c) Zu unterscheiden ist ferner, hinsichtlich welcher Entscheide Beurteilungen erfolgen:
- Die meisten Ansätze sind auf Bauentscheide ausgerichtet und infolgedessen eher *technisch* geprägt. Beispiele im schweizerischen Kontext sind der SNBS-Baustandard, die MINERGIE-Standards und die Energievorschriften der Kantone (MuKEn). Gelegentlich kommt auch in der Schweiz der LEED-Standard zum Einsatz, der v. a. von amerikanischen bzw. internationalen Unternehmen verlangt wird.
- Andere Ansätze sind eher auf Investitionsentscheidungen ausgerichtet. Hier steht die *finanzielle* Sicht im Vordergrund, z. B. bei Bewertungsfragen: Beispiele im schweizerischen Kontext sind die von den Bewerterverbänden erstellten Swiss Valuation Standards (SVS) der Royal Institution of Chartered Surveyors (RICS Switzerland 2012) und das ESI-Rating (siehe Kapitel 3).

1.3 Risikobeurteilung und Zielkonflikte als Herausforderung

Im Zentrum jeder Investitionsentscheidung in Immobilien steht – wie bei allen Investitionen – die Frage, ob diese sich langfristig auszahlt. Um die Rentabilität zu beurteilen, stehen heute eine Vielzahl von Methoden und Verfahren zur Verfügung, die auch regelmässig eingesetzt werden. Zur Beurteilung der mit Immobilieninvestitionen verbundenen Risiken fehlen jedoch anerkannte Methoden. Hier besteht eine Lücke, die zu schliessen ist. Wir werden zeigen, dass das auf Langfristigkeit angelegte Nachhaltigkeitskonzept ein taugliches Mittel für die Risikobeurteilung ist und somit einen Beitrag zur Beantwortung der Frage leistet, welche Immobilieninvestition sich langfristig auszahlt.

Investitionsentscheidungen unter Berücksichtigung von Nachhaltigkeitsaspekten erfordern immer eine Auseinandersetzung mit unterschiedlichen Zielen – und damit mit Zielkonflikten. Wirtschaftliche Ziele können nicht gleichzeitig mit Umwelt- und Ressourcenzielen oder gesellschaftlichen Zielen maximiert werden. Dies gilt auch bei Immobilieninvestitionen. Heute fehlen auch bei Immobilien breit anerkannte, praktikable Ansätze zum Umgang mit Zielkonflikten und unterschiedlichen Interessen. Wir werden im Folgenden einen solchen praktikablen Ansatz aufzeigen.

2 Das Konzept der Nachhaltigkeit bei Immobilien aus Investitionssicht

Im vorangehenden Kapitel 1 haben wir gezeigt, dass sich Investitionsentscheidungen auf erwartete Renditen und Risiken abstützen. Heute steht bei Immobilien allerdings in der Regel die Rendite im Vordergrund. Entscheidend für die finanzielle Performance sind aber auch Risikoüberlegungen, die bisher in Entscheidungsgrundlagen oft nur am Rande eine Rolle spielten, beispielsweise als Einzelkriterium bei Naturgefahren. Dass dies so ist, hat auch damit zu tun, dass bisher ein tauglicher Ansatz zur Erfassung und Beurteilung von Risiken fehlte. In diesem Kapitel zeigen wir auf, dass der Einbezug von Nachhaltigkeitsüberlegungen ein tauglicher Ansatz dafür ist, Risiken bei Investitionsentscheidungen miteinzubeziehen.

2.1 Rentabilität bei Immobilieninvestitionen

Die ökonomische Beurteilung einer Immobilieninvestition erfolgt üblicherweise anhand der Rentabilität. Mit einer Investitionsrechnung wird die Frage beantwortet, ob und wie stark sich eine Investition lohnt. Dabei werden aus Investitionssicht Auszahlungen (Kosten) und Einzahlungen (Erträge) zueinander ins Verhältnis gesetzt. Die absolute Rentabilität weist den Gewinn als monetäre Grösse aus. Bei der relativen Rentabilität wird der Gewinn in Prozent des eingesetzten Kapitals ermittelt und in einer Renditekennzahl ausgedrückt. Allerdings gibt es nicht eine einzige Renditekennzahl, sondern eine Reihe verschiedener Kennzahlen, wie die Brutto- oder Netto-Anfangsrendite, die Gesamt- oder Cashflow-Rendite oder den internen Zinssatz (siehe auch SIA-Dokumentation 0123, SIA 2006). Wie die Auswertung von Marty und Meins (im Erscheinen) zeigt, können diese sehr unterschiedliche Resultate ergeben.

In der Praxis wird die Rendite häufig statisch ermittelt. Dazu werden in der Regel die Roherträge des ersten Jahres oder die durchschnittlich erwarteten Jahresroherträge ins Verhältnis zum Kaufpreis gesetzt. Diese «Anfangsrendite» oder Durchschnittsrendite kann allerdings höchstens als grobe Orientierung dienen, um beispielsweise verschiedene Investitionsmöglichkeiten zu vergleichen, oder als erster

Filter, bevor weitere Abklärungen erfolgen.[9] Die Anfangsrendite liefert allerdings nur eine kurzsichtige Beurteilung, weil durch die statische Betrachtung Veränderungen in der Zukunft ignoriert werden.

Alternativ kann die Rentabilität dynamisch ermittelt werden. Dazu werden die Ein- und Auszahlungen über einen definierten Zeitraum einzeln ermittelt bzw. geschätzt und – da Kosten und Erträge zu unterschiedlichen Zeitpunkten anfallen – durch Abdiskontierung auf den heutigen Zeitpunkt miteinander vergleichbar gemacht.[10] In die Auszahlungen einbezogen werden Kosten, die zum Zeitpunkt der Investition anfallen (z. B. Kaufpreis, Handänderungssteuern und Notariatsgebühren), Kosten, die während der Nutzung bzw. des Betriebs entstehen (Betriebskosten, Instandhaltungs- und Instandsetzungskosten) sowie Kosten, die am Ende der Investition anfallen (Kosten für Verkauf oder Abbruch). Bei den Einzahlungen sind es im Lebenszyklus laufend anfallende Mieterträge und am Ende der Investitionsperiode anfallende Verkaufserlöse. Der interne Zinssatz – und damit die Rendite – entspricht der Höhe des Zinssatzes, bei welchem die diskontierten Auszahlungen den diskontierten Einzahlungen entsprechen (Methode des internen Zinssatzes). Die geläufigsten Modelle für die dynamischen Renditeberechnung sind Discounted-Cash-Flow-Modelle (DCF-Modelle).[11]

Investitionsrechnungen sind umso genauer, je präziser Kosten und Erträge ermittelt werden. Da der Erfolg jeder Immobilieninvestition aber in starkem Mass auch von zukünftigen Entwicklungen abhängt, sind Investitionsentscheidungen immer mit Unsicherheiten

---

9 In der Praxis zeigt sich, dass eine in einer statischen Betrachtung unrentable Immobilieninvestition in der Regel auch in einer dynamischen Betrachtung unrentabel ist. Eine statische Renditeprüfung kann also als erster Grobfilter dienen (Fierz 2005, S. 45).

10 Die Frage, ob bei der Ermittlung der Rentabilität die zukünftigen Ein- und Auszahlungen abdiskontiert werden und wenn ja, mit welchem Diskontsatz, ist umstritten. Die Antwort der klassischen ökonomischen Theorie lautet: Diskontieren ja. Die Theorie gibt jedoch keine Antwort auf die Frage nach der Höhe des Diskontsatzes bei Immobilien.

11 Um Vergleiche zwischen verschiedenen Investitionsvarianten anzustellen, sollten skalierte Kennzahlen verwendet werden (z. B. nach Investitionsvolumen). Welche Kennzahl geeignet ist, hängt vom Kontext ab. Möglich ist es auch, absolute Benchmarks zu definieren (z. B. ist eine Immobilie aus Investitionssicht nachhaltig, wenn der Anschaffungswert grösser ist als der Value at Risk, wobei die Festlegung einer geeigneten Verlustgrenze ebenfalls vom Kontext abhängt). Für eine ausführlichere Darlegung verschiedener Kennzahlen für die finanzielle Performance von Immobilien sowie für eine Beurteilung aus Nachhaltigkeitssicht siehe Marty und Meins (im Erscheinen).

behaftet. Hierin liegt die grosse Herausforderung: Je weiter in der Zukunft Kosten und Erträge liegen, desto höher sind die Unsicherheiten. Wenn die Eintrittswahrscheinlichkeit eines Ereignisses bekannt ist oder geschätzt werden kann, kann die Unsicherheit als Risiko bei der Investitionsentscheidung berücksichtigt werden.[12]

2.2 Risiken bei Immobilieninvestitionen

In der finanzwissenschaftlichen Theorie wird für Investitionen mit höherem Risiko eine «Risikoprämie» in Form einer höheren Rendite erwartet. Dahinter steht die Überlegung, dass Investierende nur dann höhere Risiken eingehen, wenn sie höhere Erträge erwarten können. Umgekehrt führt ein tieferes Risiko auch zu einer tieferen Rendite.

Die Risikobereitschaft ist allerdings nicht bei allen Investierenden gleich. In der Theorie wird unterschieden zwischen risikoaversen (risikoscheuen), risikoneutralen und risikofreudigen Investoren. Bei direkten Immobilienanlagen sind – wie bei allen Anlagen – risikoaverse Investoren die Regel (siehe auch die Risiko-Nutzen-Funktion für den deutschen Immobilienmarkt in Gondring [2007]). Bei gleichem Erwartungswert der Erträge wird demzufolge jene Investition bevorzugt, welche das tiefere Risiko aufweist. In einer risikoaversen Haltung können nichtsdestotrotz unterschiedliche Rendite- und Risikopräferenzen zum Ausdruck kommen: von Core-Immobilien über Core+-Immobilien, Value-added-Immobilien bis hin zu opportunistischen Immobilien, die jeweils in aufsteigender Reihenfolge mit höheren Renditen und Risiken sowie mit einer tieferen Haltedauer einhergehen.

Bei Immobilienrisiken wird in der Regel zwischen systematischen und unsystematischen Risiken unterschieden. Systematische Risiken sind Risiken, welche den Immobilienmarkt gesamthaft betreffen. Ein Beispiel dafür ist ein rascher Anstieg der Zinsen. Bei unsystematischen Risiken handelt es sich um Risiken, denen nur einzelne Immobilien ausgesetzt sind. Ein Beispiel hierfür ist eine Lage mit erhöhter Hochwassergefährdung.

---

12 Entscheidungen, bei denen keine Information über die Eintrittswahrscheinlichkeit eines Ereignisses vorliegen, werden als «Entscheidungen unter Ungewissheit» bezeichnet.

Auf die Frage, wie Risiken bei Immobilieninvestitionen methodisch zu fassen sind, gibt es verschiedene Antworten. Das Risiko kann als Funktion der Eintrittswahrscheinlichkeit und des Ausmasses eines Ereignisses ausgedrückt werden (r = p*d). Zur Illustration nehmen wir an, dass eine Immobilie in einer durch Hochwasser gefährdeten Lage steht. In der Vergangenheit hat sich durchschnittlich alle 50 Jahre eine Überschwemmung ereignet. Die Eintrittswahrscheinlichkeit (p) beträgt damit 0,02 pro Jahr, die Kosten einer Erneuerung nach einer Überschwemmung, also das Ausmass des Schadens (d), werden auf 500 000 CHF geschätzt. Damit beträgt das Risiko, d. h. der erwartete Schaden, 10 000 CHF pro Jahr.

Häufig wird das Risiko auch als Verteilung der möglichen Ereignisse dargestellt, beispielsweise als Häufigkeitsverteilung von Schadensereignissen. Anknüpfend an das vorherige Beispiel fällt das Hochwasser im besten Fall weniger stark aus und es entsteht nur ein Schaden von 250 000 CHF. Im schlimmsten Fall wird das Gebäude vom Hochwasser weggeschwemmt und muss für 1 000 000 CHF neu gebaut werden. Wenn für die jeweiligen Schadensausmasse die Eintretenswahrscheinlichkeit bekannt ist, kann die Häufigkeitsverteilung der möglichen Schäden durch eine Verteilungsfunktion (z. B. Normal- bzw. Poissonverteilung) modelliert werden. Dieses Verständnis von Risiko als Häufigkeitsverteilung von Schäden unterschiedlichen Ausmasses entspricht dem Risikoverständnis der Versicherungsmathematik.

In der neueren finanzwissenschaftlichen Betrachtung wird «Risiko» umfassender verstanden, nämlich als Abweichung auf beide Seiten des Erwartungswerts. Die einzelne Abweichung kann positiv oder negativ sein. Man spricht dann von einem symmetrischen Risikoverständnis. Als Kennzahl hat sich die Volatilität etabliert, welche sich aus der Standardabweichung (Wurzel der mittleren quadrierten Abweichung zum Erwartungswert) ergibt. Mit einem solchen Risikoverständnis geht auch eine Verschiebung des Fokus einher: Neben Gefahren wird der Blick auch auf die Chancen gelegt, die sich durch Risiken ergeben (Haller 2013). Dieses Verständnis kommt auch in dem – der Portfoliotheorie zugrunde liegenden – Ansatz der Risikodiversifikation zum Ausdruck, deren extremste Ausprägung sich in der Idee des «Wegdiversifizierens» von unsystematischen Risiken zeigt. Dabei wird (fälschlicherweise) suggeriert, dass das absolute Risiko eliminiert werden kann. Beim Diversifizieren geht es indessen lediglich darum, Verluste durch Gewinne zu kompensieren.

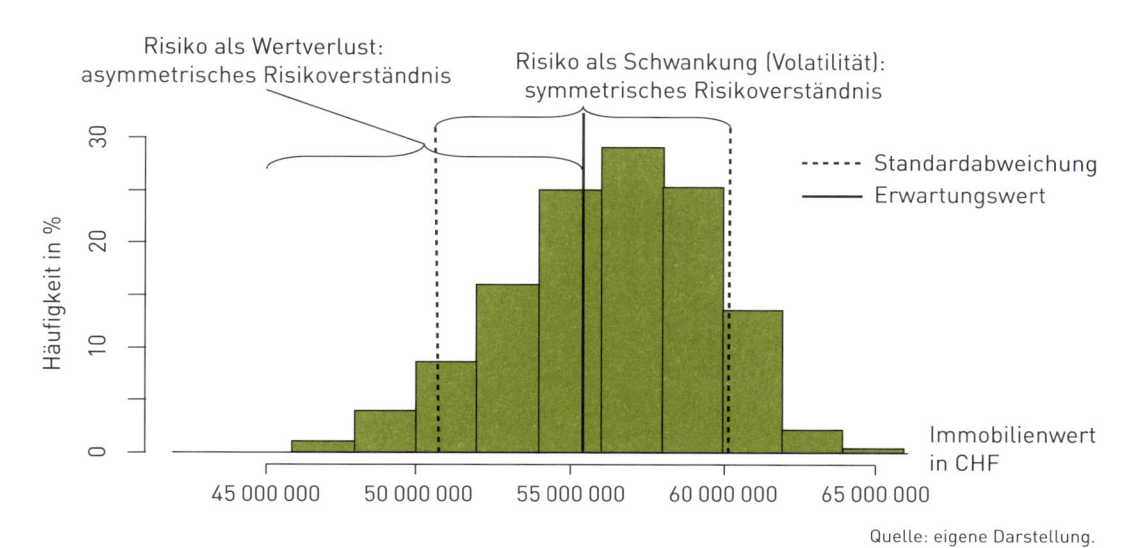

Abbildung 4: Symmetrisches und asymmetrisches Risiko bei Immobilieninvestitionen (illustrative Werte).

Welche Konklusionen ergeben sich daraus für den Umgang mit Risiken in der immobilienwirtschaftlichen Praxis? Es braucht beides: zum einen eine Beurteilung der Risiken, welche auf dem symmetrischen Risikoverständnis aufbaut und die Volatilität von Anlagen berücksichtigt. Und zum anderen braucht es eine Beurteilung der Risiken, welche auf dem asymmetrischen Risiko fusst und sich mit systemischen Risiken wie Trendänderungen, Strukturbrüchen oder «black smoke» auseinandersetzt.[13] Matthias Haller bezeichnet dies als «XL Risk Management». Im Fokus hat dieses die Risiken, welche sich aufgrund veränderter Rahmenbedingungen ergeben (Haller 2013). Wie wir nachfolgend aufzeigen, kann der Einbezug von Nachhaltigkeit bei Investitionsentscheidungen dazu einen Beitrag liefern. Dazu wird zunächst präzisiert, was Nachhaltigkeit bei Immobilieninvestitionen bedeutet.

---

13 Die Bezeichnung «black smoke» steht für neue Entwicklungen, die ein Risiko darstellen können. Der Begriff bezeichnet Anzeichen für neue Risiken, die wie schwarzer Rauch am Horizont auf einen beginnenden Flächenbrand hinweisen.

2.3 Nachhaltigkeit bei Immobilieninvestitionen

Ein erster Ansatz für eine Definition nachhaltiger Immobilien lässt sich aus dem allgemeinen Nachhaltigkeitsverständnis ableiten: Eine Immobilie ist dann nachhaltig, wenn sie langfristig einen möglichst grossen ökologischen, sozialen und ökonomischen Nutzen stiftet bzw. entsprechenden Schaden vermeidet.[14] Der Ansatz, der in der Theorie wohl einleuchtend wirkt, stösst in der praktischen Umsetzung allerdings an Grenzen. Er funktioniert nur dann, wenn eine Immobilie oder eine Massnahme sowohl Ressourcen schont und Belastungen der Umwelt vermeidet als auch für die Gesellschaft Nutzen stiftet und zudem für den Nutzer eine hohe Wirtschaftlichkeit erzielt. Eine solche Situation könnte als Win-win-win-Situation oder Triple-win-Situation bezeichnet werden.

Triple-win-Situationen kann es geben. Aber sie sind die Ausnahme, weil sich beim Versuch, den Nutzen für Umwelt, Gesellschaft und Wirtschaft gleichzeitig zu maximieren, immer wieder Zielkonflikte zwischen den drei Nachhaltigkeitsdimensionen ergeben (siehe Abbildung 5). Am Beispiel eines denkmalgeschützten Altbaus mit Ölheizung lässt sich das Dilemma aufzeigen: Aus ökologischer Sicht ist eine Aussenisolation der Fassade sinnvoll, weil dadurch Energieverbrauch und CO_2-Ausstoss reduziert werden. Aus gesellschaftlicher Sicht steht die Erhaltung der historischen Fassade im Vordergrund, was eine Aussenisolation ausschliesst. Aus wirtschaftlicher Sicht rechnet sich die Investition nur bei einem höheren Ölpreis.[15] Zwischen Umwelt (CO_2-Emissionen), Gesellschaft (Denkmalschutz) und Wirtschaft (Kosten) bestehen also Zielkonflikte. Technologischer Fortschritt kann punktuell helfen, Zielkonflikte zu verringern. Ein neuer Dämmputz beispielsweise kann dank der Modellierbarkeit und des hohen Dämmwerts auch bei denkmalgeschützten Gebäuden eingesetzt werden.[16] Innovationen können allerdings bei Weitem nicht alle Zielkonflikte lösen.

Zielkonflikte können teils auf negative Externalitäten zurückgeführt werden. Externalitäten bestehen gemäss ökonomischer Theorie

---

[14] Die Ausführungen in diesem Kapitel sind in Anlehnung an Meins und Burkhard (2009) sowie Meins und Sager (2013) verfasst.

[15] Gemäss Schätzungen lohnt sich bei einem Neubau die Investition in den energiesparenden MINERGIE-Standard ab einem Erdölpreis von 218 CHF pro 100 Liter, bei Eigentumswohnungen ab 102 CHF pro 100 Liter (Salvi et al. 2008).

[16] Beim erwähnten Dämmputz handelt es sich um den Hochleistungsdämmputz AEROGEL der Firma Fixit AG.

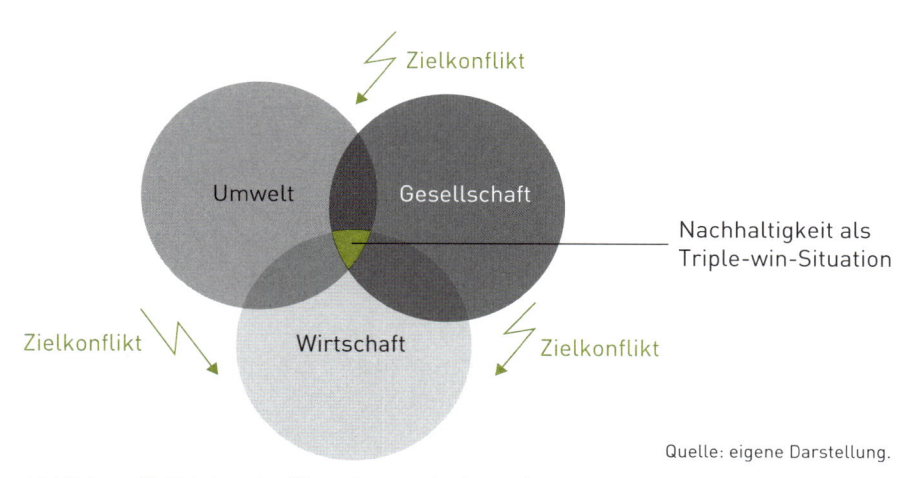

Abbildung 5: Triple-win-Situationen als Ausnahme.

Diagramm: Drei sich überlappende Kreise (Umwelt, Gesellschaft, Wirtschaft) mit Zielkonflikten an den paarweisen Schnittstellen und "Nachhaltigkeit als Triple-win-Situation" im Zentrum. Quelle: eigene Darstellung.

dann, wenn die Kosten nicht von den Nutzniessenden selbst getragen werden. Negative externe Effekte im Immobilienbereich sind z.B. die Kosten von Schäden aus Naturereignissen als Folge des Klimawandels. Diese werden nicht von den verursachenden Emittenten von Treibhausgasen getragen, sondern fallen bei den Geschädigten bzw. der Allgemeinheit an. Ökonomisch gesprochen sind diese externen Effekte nicht (vollkommen) eingepreist. Das ökonomische Optimum deckt sich nicht mit dem ökologischen Optimum: Weil das Emittieren von Treibhausgasen zu billig ist, werden grössere Mengen emittiert, als aus einer Gesamtsicht (unter Berücksichtigung aller drei Dimensionen) sinnvoll wäre.

Bei Zielkonflikten gibt es nie die eine, richtige Lösung. Es geht immer um ein Abwägen, um ein Priorisieren, darum, aus der Sicht eines Zieles zu optimieren – mit der Bedingung, dass die anderen Ziele möglichst weitgehend auch erreicht werden. Dies führt dazu, dass es zwar viele verschiedene Nachhaltigkeitsansätze, aber weder national noch international einen Konsens darüber gibt, was ein nachhaltiges Gebäude oder gar eine nachhaltige Immobilie denn letztlich ist. Welcher Nachhaltigkeitsansatz passend ist, hängt davon ab, aus welcher Sicht die jeweilige Immobilie beurteilt werden soll.

Eine erfolgreiche Umsetzung des Nachhaltigkeitsprinzips erfordert einen transparenten Umgang mit Zielkonflikten und deren systematische Beurteilung. Beurteilungen sind normative – also wertende – Einschätzungen einer Situation oder eines Sachverhalts. Im Alltag erfolgen Beurteilungen meist intuitiv, indem Situationen, Produkte oder Leistungen mit eigenem Wissen und eigenen Erfahrungen abgeglichen werden. Intuitive Beurteilungen berücksichtigen individuelle Präferenzen optimal und sind v. a. dann angebracht, wenn einfachere Entscheidungen durch Einzelpersonen zu treffen sind. Sobald es aber um komplexe Entscheidungen geht oder eine Vielzahl von Personen beteiligt ist, ist die Intuition keine geeignete Grundlage mehr. Dies ist besonders bei Investitionsentscheidungen in Immobilien der Fall.

Fundierte Entscheidungsgrundlagen erfordern ein transparentes und nachvollziehbares Beurteilungssystem mit Beurteilungskriterien, entsprechenden Indikatoren mit Messeinheiten sowie einer Gewichtung. Die Gewichtung stellt bei Zielkonflikten eine grosse Herausforderung dar – auch bei Investitionsentscheidungen in Immobilien.

- Zunächst ist schon eine eindeutige Zuordnung vieler Beurteilungskriterien zu einer der drei Nachhaltigkeitsdimensionen oft nicht möglich, da sich die meisten Kriterien auf mehr als nur eine Dimension auswirken. Der Heizwärmebedarf einer Immobilie beispielsweise hat ökologische Auswirkungen (mitbestimmend für die CO_2-Emissionen), aber auch ökonomische Konsequenzen (Installations-, Betriebs- und Nebenkosten).
- Selbst wenn es gelänge, Beurteilungskriterien eindeutig den drei Nachhaltigkeitsdimensionen zuzuordnen (z. B. entsprechend der Hauptwirkung), so bliebe als zweite Herausforderung die Gewichtung der Kriterien innerhalb der Nachhaltigkeitsdimensionen. Welches Gewicht erhält in der Umweltdimension Biodiversität gegenüber CO_2-Emissionen? Zur Gewichtung aus ökologischer Sicht würde sich die Ökobilanzierung anbieten.[17] Aber wie sollen soziale Effekte gewichtet werden? Wie sollen in der gesellschaftlichen Dimension für den Nutzer komfortable Wohnungen gegenüber Wohnungen gewichtet werden, die Begegnungen zwischen Nachbarn fördern?
- Zu dieser Frage der Gewichtung *innerhalb* der Dimensionen kommt die Frage, wie die Dimensionen im Verhältnis *zueinander* gewichtet werden sollen. Nachhaltige Entwicklung setzt auf eine langfristige Balance von Umwelt, Gesellschaft und Wirtschaft. Naheliegend wäre es deshalb, Beurteilungskriterien für jede der drei Dimensionen zu definieren und bei der Beurteilung jeder der drei Dimensionen das gleiche Gewicht zu geben. Die gleichzeitige

---

[17] Die Ökobilanzierung ist eine systematische Abschätzung der ökologischen Auswirkungen entlang des gesamten Lebenszyklus. Sie wird auch als Life Cycle Assessment bezeichnet. Für einen Überblick siehe SustainAbility (1993).

Optimierung von drei Zieldimensionen ist allerdings schon aus methodischen Gründen unmöglich, weil Zielkonflikte bestehen.

Viele Ansätze erheben zwar den Anspruch, Nachhaltigkeit umfassend, also tridimensional, abzudecken. Häufig geht die Praxis allerdings (implizit) von einer Triple-win-Situation aus und blendet Zielkonflikte weitgehend aus. Dies führt zu Ergebnissen, die für Umwelt und Gesellschaft maximiert, aber aus ökonomischer Sicht suboptimal sind. Die Folge davon ist, dass umfassende Nachhaltigkeitsansätze – zumindest in der Privatwirtschaft – kaum umgesetzt werden, weil sie zu hohe Anforderungen stellen und damit zu teuer werden.

Der methodisch korrekte und praktikable Ansatz besteht darin, eine Nachhaltigkeitsdimension in den Vordergrund zu stellen und bei der Beurteilung diese Dimension zu maximieren – unter der Nebenbedingung, dass bei den beiden anderen Dimensionen möglichst viele positive und möglichst wenige negative Effekte resultieren. Die Nachhaltigkeitsansätze, die sich in der Praxis durchgesetzt haben, machen dies in der Regel implizit. Meist steht dabei die Umweltdimension oder das Energiethema im Vordergrund. Kriterien werden gemäss ökologischen oder energetischen Zielen definiert und die Gewichtung gemäss ökologischen Auswirkungen (entweder durch implizite Annahmen oder explizit durch die Verwendung einer Ökobilanzierung) vorgenommen. Das kommt z.B. in der Bezeichnung «green building» zum Ausdruck. Bei der Operationalisierung wird dann meist implizit darauf geachtet, dass die negativen sozialen und ökonomischen Auswirkungen begrenzt sind. Beim MINERGIE-Standard erfolgt dies durch die Vorgabe, dass die Baukosten maximal 10 Prozent höher ausfallen dürfen als bei nicht zertifizierten Gebäuden.

Auch hier gilt: Bei der Wahl der Fokussierung auf die ökologische, soziale oder ökonomische Dimension gibt es kein Richtig oder Falsch. Welcher Ansatz verwendet werden soll, hängt von der jeweiligen Fragestellung ab. Bei Investitionsentscheiden liegt der Fokus in der Regel auf dem langfristigen wirtschaftlichen Nutzen. Die Nutzen für Umwelt und für Gesellschaft sind dann Nebenbedingungen, die es einzuhalten gilt (Meins und Burkhard 2009).

Innerhalb der wirtschaftlichen Dimension gibt es wiederum zwei Sichtweisen: die gesamtwirtschaftliche (Makro-)Betrachtung und die individuelle (Mikro-)Betrachtung. Gesamtwirtschaftliche Nachhaltigkeitsansätze rücken die Stabilität des intergenerationalen Konsumflusses bzw. des Kapitalstocks in den Vordergrund. Ziel ist es dabei, den

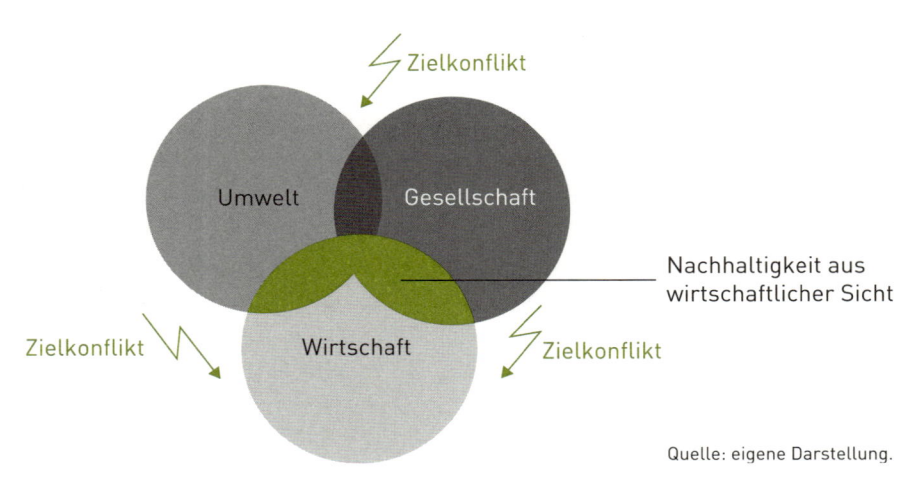

Abbildung 6: Nachhaltige Immobilieninvestitionen mit Fokus auf langfristigen wirtschaftlichen Nutzen.

Konsum bzw. Kapitalstock über die Zeit zumindest konstant zu halten (Perman 1996). In vollkommenen Märkten sorgen die Märkte selbst für diese Balance. Tritt allerdings ein Marktversagen auf (z.B. durch Externalitäten), so kann eine Über- oder Unternutzung von Ressourcen auftreten. In dieser gesamtwirtschaftlichen Optik geht es v.a. um die Frage, *wann* Kosten und Nutzen anfallen (z.B. ob Kosten bei zukünftigen Generationen auftreten). Auf der individuellen (Mikro-)Ebene steht zusätzlich im Vordergrund, bei *wem* Kosten und Nutzen anfallen. Hier kann die Beurteilung aus Sicht der Eigentümer, Nutzer oder der Nachbarn unterschiedlich ausfallen.

Entsprechend der Ausrichtung auf Investitionsentscheidungen fokussieren die folgenden Überlegungen auf die wirtschaftliche Mikroebene und spezifisch auf die Perspektive der Investierenden. Wenn im Folgenden der Ausdruck «Investitionssicht» verwendet wird, bezieht er sich auf direkte Immobilienanlagen, die von Endinvestoren gehalten werden (nicht auf Entwickler oder «Spekulanten»). Deshalb unterstellen wir eine Risikoaversion und eine langfristig orientierte Anlagestrategie, welche sich auf Core-Immobilien beschränkt – also auf Immobilien, die langfristig gehalten werden und mit tieferem Risiko sowie niedrigerer Rendite einhergehen.

2.4 Synthese

Eine Immobilie ist aus Investitionssicht nachhaltig, wenn sie den wirtschaftlichen Nutzen für den Investierenden langfristig maximiert und dabei möglichst viele positive und möglichst wenige negative soziale und ökologische Auswirkungen hat. Für die Beurteilung des wirtschaftlichen Nutzens einer Immobilieninvestition sind sowohl Rentabilität als auch Risiko heranzuziehen. Wie in Kapitel 3 gezeigt wird, können sich viele Immobilienmerkmale, welche negative soziale und ökologische Effekte haben, durch Veränderungen der Rahmenbedingungen langfristig negativ auf Ein- und Auszahlungen der Immobilie auswirken und damit deren Risiko erhöhen.

Der wirtschaftliche Nutzen ist dann maximiert, wenn die drei folgenden Kriterien erfüllt sind:
1. Die Einzahlungen übertreffen die Auszahlungen über die Zeit um ein zu definierendes Mass (absolute Rentabilität).
2. Die Einzahlungen weisen geringe Schwankungen auf (Minimierung des symmetrischen Risikos).
3. Der Wertverlust ist minimiert (Minimierung des asymmetrischen Risikos).

In einer relativen Betrachtung ist aus Investitionssicht diejenige Immobilie nachhaltiger, welche bei gleicher Rendite die tieferen Ertragsschwankungen und das tiefere Risiko eines Wertverlusts aufweist. Diese Definition bildet die konzeptionelle Grundlage der nachfolgenden Kapitel.

3 Die Messung der Nachhaltigkeit aus Investitionssicht: der Economic Sustainability Indicator (ESI)

In Kapitel 2 haben wir ein Konzept für nachhaltige Immobilieninvestitionen entwickelt. Wir haben gezeigt, dass als Grundlage für Investitionsentscheidungen Rentabilität und Risiken gleichzeitig in Betracht zu ziehen sind und dass die Berücksichtigung von Nachhaltigkeitsmerkmalen ein geeigneter Ansatz ist, um viele der Risiken, die mit einer Immobilieninvestition verbunden sind, zu erfassen. In diesem Kapitel geht es nun um die Operationalisierung des Konzeptes, also darum, wie Nachhaltigkeit von Immobilien aus Investitionssicht gemessen und wie damit Risiken beurteilt werden können. Beschrieben wird der Economic Sustainability Indicator (ESI) als derzeit einziges derartiges Ratingsystem in der Schweiz.

3.1 Einführung

Die Entwicklung des Economic Sustainability Indicator (ESI) geht auf das Jahr 2005 zurück. Er wurde ursprünglich konzipiert, um den finanziellen Wert der Nachhaltigkeit für die Bewertung von Immobilien zu erfassen. Der Indikator wurde zunächst für Mehrfamilienhäuser spezifiziert mit einer Gleichgewichtung aller Indikatoren. Die Integration in die Bewertung erfolgte über einen Zu- bzw. Abschlag für das Nachhaltigkeitsrisiko im Diskontsatz. Die Erfahrungen durch die Anwendung in der Praxis führten schrittweise zu Weiterentwicklungen. 2009 wurde der ESI für Büro- und Verkaufsimmobilien spezifiziert und der Indikator für Mehrfamilienhäuser überarbeitet. Mit einem risikobasierten Gewichtungsmodell wurde eine differenziertere Gewichtung auf der Ebene von fünf Teilindikatoren möglich. In den Jahren 2011/12 wurde der Indikator für alle drei Nutzungstypen aufgrund der Praxiserfahrung nochmals überarbeitet. Gleichzeitig wurde ein neues Gewichtungsmodell erarbeitet, welches auf der Basis einer Discounted-Cash-Flow-Betrachtung die Gewichtung auf der Ebene der Subindikatoren einführte. Zudem wurde der Indikator als für sich stehende Anwendung – als Rating – ausgestaltet. Damit wurde der Zu- bzw. Abschlag bei der Bewertung ersetzt.

Die Entwicklung erfolgte am CCRS an der Universität Zürich. Sie ist das Resultat einer Gemeinschaftsarbeit zwischen Wissenschaft und Praxis: Mitgewirkt haben insbesondere Bewerter, Investoren, Finanzierungsexperten, Bewerterverbände und verschiedene Hochschulinstitute.[18] Auf diese Weise wurde sichergestellt, dass neben der inhaltlichen und methodischen Qualität stets auch die Praxistauglichkeit gewährleistet war.

Konzipiert als Rating zur Nachhaltigkeitserfassung aus Investionssicht, erlaubt der ESI-Indikator heute eine differenzierte Beurteilung der Nachhaltigkeit – sowohl von Neubauten als auch von Bestandesimmobilien für Wohn-, Büro- und Verkaufsnutzung. Der für die Datenerfassung erforderliche ein- bis dreistündige Aufwand pro Liegenschaft ist im Vergleich zu anderen Nachhaltigkeitsansätzen gering. Der ESI-Indikator eignet sich als Grundlage bei Investitionsentscheidungen entlang des gesamten Lebenszyklus von Immobilien. Zudem kann er für die routinemässige Erfassung und Dokumentation von Nachhaltigkeit bei Immobilienbewertungen und damit für einzelne Neubau-, Sanierungs- und Transaktionsentscheide verwendet werden. Er ist aber ebenso geeignet für die Entwicklung einer Strategie und das Management von Immobilienportfolios. Die Anwendung in der Praxis wird anhand von Beispielen in Kapitel 4 gezeigt. Zunächst folgt nun eine Beschreibung der Herleitung.

3.2 Operationalisierung

3.2.1 Zielgrösse Wertentwicklung

Konzeptionell fusst der ESI-Indikator auf der in Kapitel 2 hergeleiteten Definition: In einer relativen Betrachtung sind aus Investitionssicht Immobilien nachhaltiger, welche bei gleicher Rendite tiefere Ertrags-

---

[18] Wir danken allen Personen, die über die Jahre an der Erarbeitung beteiligt waren. An der Überarbeitung 2011/12 waren das: Sarah Ok Kyu Frank, Institut für Bauökonomie, Universität Stuttgart; Daniel Sager, Meta-Sys AG; David Hersberger, SEK/SVIT und Swiss Valuation Group AG; Markus Koschenz, Reuss Engineering AG; Christoph König, Swisscanto Asset Management AG; Ulf Möwes, Steiner AG; Beat Ochsner, SEK/SVIT und KPMG Holding AG; Christof Rüegg, Suva; Donald Sigrist, Inrate/Infras; Peter Staub/Claudia Pedron, pom+; Heinz Stecher, Zürcher Kantonalbank; Bernd Sturm, Implenia AG; Mark Ludwig, QualiCasa AG; Iván Antón, Wüest+Partner AG; Marcel Gilgen, Ernst Basler+Partner AG; Niels Holthausen, Ernst Basler+Partner AG; Susanne Leonhard, pom+Consulting AG; Philippe Lobstein, Steiner AG; Frank Meinzer, RICS Schweiz/Jones Lang LaSalle AG; Rolf Truninger, QualiCasa AG.

schwankungen und tiefere Risiken eines Wertverlusts aufweisen. Der ESI-Indikator identifiziert Immobilienmerkmale, welche langfristig die Mieterträge (abzüglich Kosten) bzw. den ökonomischen Wert einer Immobilie maximieren sowie Ertragsschwankungen und Ausfallrisiken minimieren.

Als umfassende Grösse, welche sowohl Kosten- als auch Ertragsfolgen abbildet, steht bei der Operationalisierung der Immobilienwert im Fokus. Eine allgemeingültige Definition des Immobilienwerts gibt es nicht. In der Praxis durchgesetzt hat sich der Marktwert (auch als Verkehrswert bezeichnet), also «der geschätzte Betrag, für welchen ein Immobilienvermögen am Tag der Bewertung zwischen einem verkaufsbereiten Veräusserer und einem kaufbereiten Erwerber, nach angemessenem Vermarktungszeitraum, in einer Transaktion im gewöhnlichen Geschäftsverkehr ausgetauscht werden sollte, wobei jede Partei mit Sachkenntnis, Umsicht und ohne Zwang handelt» (Swiss Valuation Standards, RICS Switzerland 2012). Weitere in der Schweiz gängige Wertbegriffe sind der Sachwert und der Nutzwert. Der Sach- oder Realwert setzt sich zusammen aus der Summe der Zustandswerte aller baulichen Anlagen auf einem Grundstück, der Vorbereitungs- und Umgebungsarbeiten, den Baunebenkosten und dem Landwert (SVKG und SEK/SVIT 2012 und RICS Switzerland 2012). Als Nutz- oder Nutzungswert («value in use») wird die Gesamtheit der Nutzleistungen, welche vom Bewertungszeitpunkt an ohne weitere Gegenleistung erbracht werden, bezeichnet (Fierz 2005 und RICS Switzerland 2012).[19]

Gemäss ökonomischer Theorie wird – unter Annahme eines vollkommen Marktes – die erwartete Wertentwicklung vollkommen im Marktwert eingepreist. Unbestritten ist, dass es in der Realität verschiedene Formen von Marktversagen gibt. Unvollkommene Information ist eine der Ursachen dafür. Die Folge ist, dass die Wertentwicklung von Marktteilnehmenden nicht korrekt eingepreist werden kann. Im angelsächsischen Raum besteht deshalb neben dem Marktwert («market value») das Konzept des «market worth». Dieser entspricht dem Preis, welcher eine Investition am Markt erzielen würde, wenn im Markt Käufer und Verkäufer alle existierenden Informationen auf eine effiziente Art und Weise verwenden würden (Hutchison und Nanthakumaran 2000).

Aus Investitionssicht, bei der die Beurteilung der finanziellen Performance einer Investition im Vordergrund steht, sind zwei Wertbe-

---

19 Quelle dieses Abschnitts: Meins und Burkhard (2009).

griffe tauglich: Für kurzfristige Betrachtungen ist dies der Marktwert, für langfristige der «market worth» (Lorenz und Lützkendorf 2011). Unter dem Aspekt der Nachhaltigkeit ist es deshalb entscheidend, die langfristige Wertentwicklung in einem unvollkommenen Markt – was dem «market worth» entspricht – in den Griff zu bekommen.

3.2.2 Determinanten der Wertentwicklung

Grundsätzlich bestimmen Angebot und Nachfrage nach verschiedenen Immobilienmerkmalen den Wert von Immobilien (siehe vereinfachtes Modell in Abbildung 7). Der Wert einer Immobilie entspricht dann zunächst der Summe der Werte der einzelnen Immobilienmerkmale. Dabei wird zwischen Objekt- und Lagemerkmalen unterschieden.

Bei den Objektmerkmalen spielen Grundriss (Anzahl und Grösse der Zimmer und deren Anordnung), Bauqualität und Ausstattung sowie der Unterhalt (Alter und Zustand des Gebäudes) eine Rolle. Sie können von Bauherrschaften und Investoren direkt beeinflusst werden. Bei den Lagemerkmalen wird unterschieden zwischen lokalen Lagemerkmalen, wie Aussicht, Anschluss an den öffentlichen Verkehr, Nähe zu Schulen usw. (sogenannte Mikrolagemerkmale) und regionalen Lagemerkmalen, wie z. B. wirtschaftliche Prosperität der Region, Steuerniveau, Zusammensetzung der Bevölkerung (soziale Durchmischung der Gemeinde)

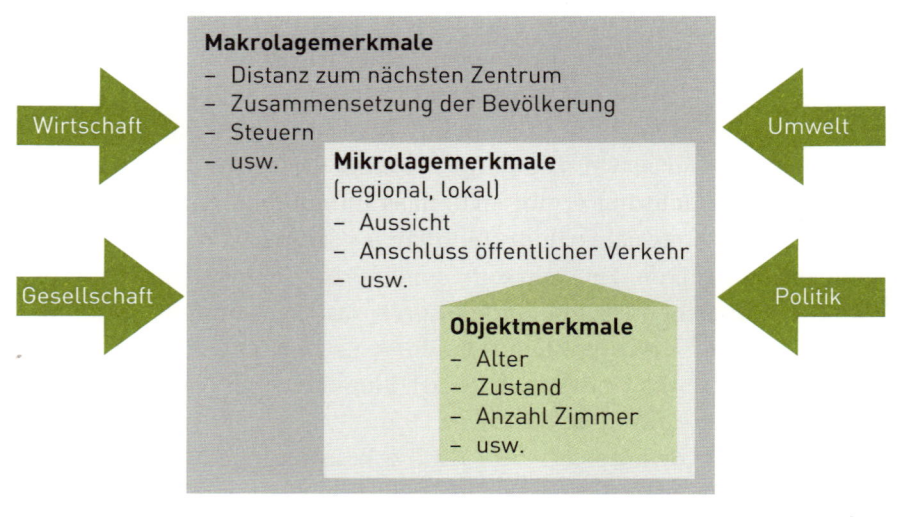

Quelle: Meins und Burkhard 2009.

Abbildung 7: Determinanten der Wertentwicklung.

oder Distanz zum nächstgelegenen regionalen Zentrum (sogenannte Makrolagemerkmale). Lagemerkmale sind nur über die Standortwahl sowie über politisches Engagement beeinflussbar. Entgegen der oft gehörten Aussage, dass der Immobilienwert vorwiegend durch die Lage bestimmt wird, zeigen empirische Untersuchungen, dass Lagemerkmale in der Schweiz je nach Objekttyp und Standort lediglich 25 bis 30 Prozent des Immobilienwerts bestimmen. Wesentlich wichtiger sind die Objektmerkmale, die 70 bis 75 Prozent zum Immobilienwert beitragen (Kubli et al. 2008; auf Einfamilienhäuser bezogene Studie).

Der Wert wird aber auch bestimmt durch Rahmenbedingungen, welche den Markt beeinflussen: die wirtschaftliche Entwicklung, Rechtsvorschriften (Raumplanung, Baurecht, Mietrecht usw.), Anforderungen der Umwelt, Preise der Ressourcen, gesellschaftliche und politische Forderungen. In einer dynamischen Betrachtung haben Veränderungen dieser exogenen Rahmenbedingungen auch Auswirkungen auf den Immobilienwert. Veränderungen der wirtschaftlichen, sozialen, ökologischen und politischen Rahmenbedingungen verändern die Nachfrage und damit den relativen Wert einzelner Immobilienmerkmale. Sie können aber auch das Angebot verändern, insbesondere die Grundstück- und Objektkosten. Auch damit verändert sich der Wert von Immobilien. Wird beispielsweise die Erreichbarkeit einer Vorortsgemeinde aus einer nahe gelegenen Stadt durch den Ausbau des öffentlichen Nahverkehrs verbessert, steigt die Nachfrage nach Wohnfläche in dieser Gegend und somit auch der Wert des Makrolagemerkmals «Distanz zum nächsten Zentrum». Die Preise steigen und damit nimmt der Wert der Immobilien zu.

3.2.3 Operationalisierung der Definition nachhaltiger Immobilien

Aus dieser Betrachtung ergibt sich, dass Immobilien dann nachhaltig sind, wenn sie «ceteris paribus» mit dem langfristigen Wandel der Rahmenbedingungen der Umwelt, der Gesellschaft, der Wirtschaft und der Politik gut umgehen können und dadurch das Risiko einer Wertminderung reduzieren bzw. die Chance einer Wertsteigerung erhöhen (Meins und Burkhard 2007; Meins et al. 2010). Eine Immobilie beispielsweise, welche aufgrund ihrer Bauweise im Sommer kühl bleibt, wird umso stärker an Wert gewinnen, je mehr Hitzetage es aufgrund des Klimawandels gibt. Diese Operationalisierung der Definition wird der Tatsache gerecht, dass Immobilieninvestoren Nachhaltigkeit zunehmend als Risikothema betrachten (Ellison und Brown 2011).

3.2.4 Herleitung im Überblick

Der ESI-Indikator wurde in drei Schritten hergeleitet: Festlegung der Indikatoren, Codierung zur Erfassung der Merkmale sowie Gewichtung der Indikatoren. Das Vorgehen für jeden Schritt wird im Folgenden kurz beschrieben:

Für die Herleitung der Nachhaltigkeitsmerkmale wurden in einem *ersten Schritt* diejenigen Rahmenbedingungen aus Wirtschaft, Gesellschaft, Politik und Umwelt identifiziert, welche die Wertentwicklung von Immobilien beeinflussen. Anschliessend wurden jene Rahmenbedingungen selektiert, bei denen eine begründete Erwartung besteht, dass sie sich in eine bestimmte Richtung zukünftig verändern werden. Schliesslich wurden Immobilienmerkmale identifiziert, die aufgrund der Veränderung stärker nachgefragt werden dürften. Diese sind die Nachhaltigkeitsmerkmale aus Investitionssicht.

Um diese Nachhaltigkeitsmerkmale fassbar zu machen, wurden in einem *zweiten Schritt* Subindikatoren sowie Codierungen festgelegt. Pro Nachhaltigkeitsmerkmal wurden ein Subindikator oder mehrere Subindikatoren spezifiziert, mit deren Hilfe das Nachhaltigkeitsmerkmal messbar gemacht wird. Mit der Codierung wurde anschliessend bestimmt, welche Ausprägung eines Subindikators als überdurchschnittlich nachhaltig, unterdurchschnittlich nachhaltig bzw. als dem heutigen Standard entsprechend gilt.

Der *dritte Schritt* beinhaltete die Gewichtung der Subindikatoren. Ohne explizite Gewichtung würden die Subindikatoren, wenn sie zusammengefasst werden, unabhängig von ihrer Relevanz das Ergebnis gleich beeinflussen. Ihre Relevanz ist aber unterschiedlich, weil der relative Einfluss der Subindikatoren auf die Wertentwicklung verschieden ist. Die Gewichtung bestimmt, wie stark die einzelnen Subindikatoren das Risiko eines Wertverlusts beeinflussen. Als Gewichtungsmodell wurde ein Discounted-Cash-Flow-Modell (DCF-Modell) verwendet, welches den Einfluss der verschiedenen Subindikatoren auf den Immobilienwert eines Referenzobjekts modelliert. Mit einem Expertenpanel wurde pro Subindikator die Auswirkung dieser Veränderungen auf die Erträge bzw. Kosten geschätzt.[20] Die Schätzungen beziehen sich auf

---

[20] Die Schätzungen wurden 2009 erstmals durchgeführt und 2011 aktualisiert und erweitert. An den Schätzungen von 2011 waren folgende Experten beteiligt: Ivan Anton (Wüest+Partner), Hans-Peter Burkhard (CCRS-UZH), Sarah Frank (bauoek, Uni Stuttgart), Marcel Gilgen (EBP), Niels Holthausen (EBP), Markus Koschenz (Reuss Engineering),

eine Immobilie, welche unterdurchschnittlich nachhaltig ist – also der zukünftig zu erwartenden Nachfrage nicht entspricht. Anschliessend wurde mittels DCF-Modell der Einfluss auf den Immobilienwert ermittelt. Geschätzt wird der Einfluss auf den Wertverlust, der entsteht, wenn die zukünftige Nachfrage nicht befriedigt werden kann. Da diese Schätzungen mit Unsicherheiten behaftet sind, wurden Szenarien für die Beschreibung der Zukunft verwendet.

Die anschliessende Ermittlung des Immobilienwerts mithilfe von Monte-Carlo-Simulationen ergibt nicht einen Wert, sondern eine Verteilung der geschätzten Immobilienwerte. Diese Verteilung drückt die Schwankung um den erwarteten Wert aus, was dem Risiko aus symmetrischer Sicht entspricht. Da das Modell den Fall des Nichterfüllens bzw. der unterdurchschnittlichen Nachhaltigkeit abbildet, wird der Wertverlust modelliert, was dem asymmetrischen Risiko entspricht. Die Gewichtung stellt damit die Umsetzung des in Kapitel 2.4 beschriebenen Konzeptes dar. Je grösser diese Schwankung für einen Subindikator ist, desto grösser ist dessen Einfluss auf das Risiko eines Wertverlusts und desto höher fällt die Gewichtung aus. Nachfolgend werden die drei Herleitungsschritte mit den jeweiligen Resultaten beschrieben und am Schluss die Möglichkeiten und Grenzen des Ansatzes diskutiert.

3.3 Nachhaltigkeitsmerkmale

3.3.1 Langfristige Entwicklungen mit Auswirkungen auf den Immobilienwert

Um die Nachhaltigkeitsmerkmale herzuleiten, wird also zunächst ermittelt, welche langfristigen Entwicklungen bzw. Rahmenbedingungen sich auf den Wert von Immobilien auswirken. Die in Tabelle 2 dargestellten Rahmenbedingungen in den Bereichen «Umwelt und Ressourcen», «Gesellschaft», «Wirtschaft» sowie «Politik» stellen eine Auswahl der Rahmenbedingungen dar, die den langfristigen Immobilienwert beeinflussen. Da sich nicht alle Rahmenbedingungen in gleicher Weise auf Mehrfamilienhäuser, Büro- und Verkaufsflächen auswirken, wer-

---

Susanne Leonhard (pom+), Philippe Lobstein (Steiner AG), Erika Meins (CCRS-UZH), Frank Meinzer (RICS Switzerland/Schofield & Partners), Bernd Sturm (Steiner AG) und Rolf Truninger (Qualicasa).

Tabelle 2: Relevante Rahmenbedingungen im Überblick.

	Rahmenbedingungen[1]	Trend	
		2009	2011
Wirtschaft	Entwicklung Bruttoinlandsprodukt (BIP)	?	?
	Unternehmensgewinne	?	?
	Verfügbares Einkommen priv. Haushalte und dessen Verteilung	?	?
	Bereitgestelltes Geld eines Unternehmens für Miete	?	?
	Konsum	?	?
	Sparquote	?	?
	Preisindex Lebenshaltung	?	?
	Baupreisindex, Baulandpreise, Mietpreisentwicklung	?	?
	Zahl Erwerbstätige	↘	↘
	Arbeitslosenquote	?	?
	Zins langfristig	?↗	?↗
	Neue Fahrzeugtechnologien	↗*	↗*
	Neue Gebäudetechnik	↗*	↗*
	Immobilien vs. andere Anlagen[2]	?	?
	Neue Baumaterialien	—	↗*
	Bautätigkeit	—	?
	Leerstandsquote	—	?
	Strahlenbelastung aufgrund technischer Anlagen (elektromagnetische Felder, Antennen usw.)	—	↗*
	...		
Gesellschaft	**Ständige Wohnbevölkerung**	→	↗
	Anzahl der Haushalte	?	↗
	Anteil ältere Wohnbevölkerung	↗	↗
	Zusammensetzung Wohnbevölkerung nach Nationalitäten	?	?
	Anzahl der Personen pro Haushalt	—	↘
	Menge des motorisierten Privatverkehrs	↗	↗
	Attraktivität des öffentlichen Verkehrs	↗	↗
	Zu- und Abwanderung	?	?
	Sicherheitsbedürfnis[3]	↗*	↗*
	Gesundheitsbewusstsein	↗*	↗*
	Präferenzen Marktteilnehmer (Modetrends)	?	?
	Wachstum der Städte	—	↗*
	Wohnfläche (m² BGF) pro Person	—	↗
	...		

3.3 Nachhaltigkeitsmerkmale

	Rahmenbedingungen[1]	Trend	
		2009	2011
Politik und Recht	Mietrecht	?	?
	Preisgestaltungsspielraum Mieten	?	?
	Steuerrecht	?	?
	Subventionen	?	?
	Öffentliche Infrastruktur, Verkehrsplanung	?	?
	Wassergebühren	↗*	↗*
	Baulandreserven	↘*	↘*
	Anforderungen an die Gesamtenergieeffizienz von Gebäuden	—	↗*
	Einführung von CO_2-Abgaben	—	↗*
	Anforderungen an die Anzahl privater Fahrzeugabstellplätze (Parkplatzverordnung)	—	↘*
	Verdichtung aufgrund der Raumplanung	—	↗*
	Standort AKW und Lager für radioaktive Abfälle	—	↘*
	...		
Umwelt und Energie	**Klimaerwärmung**	↗	↗
	Preis Strom[4]	↗	↗↗
	Preis fossile Energieträger	↗	↗↗
	Extreme Wetterereignisse (als Folge der Klimaerwärmung)	—	↗
	...		

Quelle: Meins et al. 2012.

Anmerkungen
1. Die Liste der Rahmenbedingungen ist nicht abschliessend. Wechselwirkungen zwischen Rahmenbedingungen sind möglich. Die Zuteilung der Rahmenbedingungen zu den Dimensionen «Wirtschaft», «Gesellschaft» usw. ist nicht immer eindeutig möglich.
2. Gegenwärtig und auch in den letzten Jahren werden bzw. wurden Immobilienanlagen immer attraktiver. Der zukünftige Trend ist jedoch abhängig von der weiteren Entwicklung der Wirtschaft.
3. Verstärkt im Zusammenhang mit Kernkraftwerken.
4. Veränderte wirtschaftliche und politische Rahmenbedingung, ausgelöst durch Fukushima.

Fett markiert:
Selektion der relevanten Rahmenbedingungen (in der Tabelle fett markiert) aufgrund von zwei Selektionskriterien:
(a) Eine Veränderung der Rahmenbedingung hat eine grosse Wirkung auf den Immobilienwert.
(b) Die Entwicklung der Rahmenbedingung unterliegt einem Trend (wissenschaftliche Szenarien für Entwicklung bzw. Expertenmeinung vorhanden).

Grün markiert:
Gegenüber 2009 neu hinzugekommene Rahmenbedingungen oder Rahmenbedingungen, bei denen sich eine Veränderung ergeben hat.
* Hierzu liegen keine Szenarien vor. Diese Annahmen stützen sich auf Expertenmeinungen.

den deren Effekte nach Immobilientyp differenziert. Eine positive konjunkturelle Entwicklung – beispielsweise in der Dimension «Wirtschaft» – führt in der Regel zu einer gesteigerten Nachfrage sowohl nach Mehrfamilienhäusern als auch nach Büro- und Verkaufsflächen. Eine gesellschaftliche Veränderung hin zu mehr Einpersonenhaushalten hingegen beeinflusst wohl die Nachfrage nach Wohnfläche, kaum aber diejenige nach Büro- und Verkaufsflächen.

Entwicklungen mit eindeutigem Trend berücksichtigen
Für die Herleitung der Nachhaltigkeitsmerkmale von Immobilien können aus praktischen Gründen nur diejenigen Rahmenbedingungen berücksichtigt werden, deren erwartete Entwicklung eine eindeutige Richtung hat. Ohne eindeutige Richtung ist keine Vorhersage der Auswirkungen auf den Immobilienwert möglich. In Tabelle 2 sind diejenigen Rahmenbedingungen ausgewählt und fett markiert, bei welchen wissenschaftlich fundierte Szenarien mit eindeutigem Trend vorhanden sind oder die gemäss übereinstimmender Expertenmeinung einem eindeutigen Trend folgen. Da sich Trends über die Zeit verändern, sollten sie periodisch überprüft werden. Die Richtung der unterstellten Trends für die Jahre 2009 und 2011 ist in der dritten Spalte der Tabelle mit Pfeilen dargestellt (abnehmend, konstant, zunehmend).

Die den folgenden Aussagen zugrunde liegenden Szenarien beziehen sich auf die Schweiz, dürften aber auch für Deutschland und Österreich zutreffen:
- Als Folge des demografischen Wandels muss gemäss Bundesamt für Statistik davon ausgegangen werden, dass die Zahl der Erwerbstätigen leicht abnimmt (von 4 878 000 auf 4 792 000) und dass der Anteil der älteren und v. a. der über 65-jährigen Wohnbevölkerung zunimmt. Gemäss mittlerem Szenario nimmt der Anteil der Personen ab 65 Jahren von 17,1 Prozent auf 28,3 Prozent zu. Die absolute Zahl verdoppelt sich fast (von 1 343 000 auf 2 543 000, Bundesamt für Statistik 2010).
- Der Preis fossiler Energieträger wird einerseits aufgrund zunehmender Knappheit und andererseits wegen der Kosten der CO_2-Emissionen steigen. Gemäss dem Referenzszenario der US-Regierung nimmt der Preis von Brent-Spot-Rohöl von rund 100 USD pro Barrel im Jahr 2012 auf knapp 150 USD im Jahr 2040 zu (U.S. Energy Information Administration 2012). Wegen erhöhter Nachfrage (u. a. als Folge der Substitution von Erdöl durch Strom) wird auch der Strompreis steigen.

- Aufgrund steigender Benzinpreise und des wachsenden Anteils älterer Personen wird die Nachfrage nach öffentlichem Verkehr zunehmen.
- Aufgrund von gesellschaftlichen Trends dürften das Sicherheitsbedürfnis und das Gesundheitsbewusstsein der Bevölkerung weiter zunehmen.
- Der sich verstärkende Klimawandel wird u.a. zu häufigeren und längeren Hitzeperioden sowie zu häufigeren extremen Wetterereignissen wie Stürmen, Starkregen und Hagel führen: Die Prognosen des fünften IPCC[21]-Reports von 2013 für einen Betrachtungszeitraum von 30 bis 40 Jahren zeigen, dass aufgrund des Klimawandels in ganz Europa mit einem Temperaturanstieg gerechnet werden muss. Auch wird eine Zunahme der Niederschläge im Norden und eine Abnahme der Niederschläge im Süden erwartet. Zudem ist mit grosser Sicherheit mit einer Zunahme von Temperaturextremen, mit ziemlicher Sicherheit mit Dürren und mit grosser Sicherheit mit einer Zunahme von Extremniederschlagsereignissen zu rechnen. Daher sind vermehrte Überflutungen durch Flüsse absehbar. Windgeschwindigkeitsextreme werden mit ziemlicher Sicherheit während des Winters – u.a. in Zentraleuropa – erwartet.[22]
- Für die Schweiz wird gemäss den neuesten Klimaszenarien (CH2011) – ohne globale Klimaschutzmassnahmen – in allen Regionen und während allen Jahreszeiten mit einem Temperaturanstieg von 2,7 bis 4,8 Grad Celsius gerechnet. Erwartet wird zudem eine Zunahme von Hitzeperioden im Sommer.
Verbunden mit dem Klimawandel wird auch in gewissen Regionen der Schweiz das Thema «Wasserknappheit» an Bedeutung gewinnen: Es wird erwartet, dass die Niederschläge in der zweiten Hälfte des Jahrhunderts im Sommer in der ganzen Schweiz um 18 bis 28 Prozent abnehmen werden.

3.3.2 Herleitung der Nachhaltigkeitsmerkmale

Im nächsten Arbeitsschritt wurden Immobilienmerkmale abgeleitet, die aufgrund der beschriebenen Entwicklungen stärker nachgefragt werden. In Anlehnung an das ökonomische Modell des Immobilien-

---

[21] Intergovernmental Panel on Climate Change.
[22] Quelle: IPCC 2013.

marktes von Di Pasquale und Wheaton (1996) werden vier Arten von Wirkungen unterschieden: Veränderungen der exogenen Rahmenbedingungen können zu einer Veränderung der Nachfrage nach Nutzfläche, nach Investitionsmöglichkeiten in Immobilien oder zu einer Veränderung des Angebots an Neubauten bzw. an Nutzfläche führen. Diese Veränderungen wiederum können quantitativer und/oder qualitativer Natur sein. Eine quantitative Wirkung hat eine rein mengenmässige Veränderung der Nachfrage oder des Angebots zur Folge. Die sinkende Zahl der Erwerbstätigen beispielsweise bewirkt, dass die Nachfrage nach Bürofläche zurückgeht. «Ceteris paribus» führt eine sinkende Erwerbstätigenzahl auch zu einer tieferen Lohnsumme und damit zu einem Rückgang der Nachfrage nach Immobilieninvestitionen.

Eine qualitative Veränderung führt lediglich zu einer Verschiebung der Nachfrage oder des Angebots. Die Nachfrage nach (oder das Angebot an) Immobilien mit gewissen Merkmalen verschiebt sich zugunsten von Immobilien mit anderen Merkmalen. Wenn beispielsweise der Anteil der älteren Wohnbevölkerung steigt, wächst die relative Nachfrage nach hindernisfrei gebauten (rollstuhlgängigen) Wohnimmobilien zuungunsten von Wohnimmobilien mit Treppen, Schwellen und anderen mit Gehhilfen oder Rollstuhl unüberwindbaren Hindernissen. Im vorliegenden Kontext (mit Fokus auf der relativen, nicht der absoluten Rentabilität) sind in erster Linie die qualitativen Nachfrageänderungen von Interesse, weil diese aufzeigen, welche Immobilienmerkmale zukünftig relativ stärker nachgefragt werden. Die Auswirkungen werden für die verschiedenen Nutzungstypen als veränderte Nachfrage nach Lage- und Objektmerkmalen hergeleitet und in Tabelle 3 dargestellt. Ausgegangen wird dabei von einem Betrachtungshorizont von 35 bis 40 Jahren.

Die Lage- und Objektmerkmale, die gemäss der Herleitung in Tabelle 3 stärker nachgefragt werden, stellen die Nachhaltigkeitsmerkmale aus Investitionssicht dar. Es sind 14 Merkmale, die thematisch gegliedert fünf Gruppen ergeben: Flexibilität und Polyvalenz, Ressourcenverbrauch und Treibhausgase, Standort und Mobilität, Sicherheit sowie Gesundheit und Komfort (siehe Tabelle 4).

3.3 Nachhaltigkeitsmerkmale

Tabelle 3: Die Wirkung von Rahmenbedingungen auf den Wohn- und Geschäftsliegenschaftsmarkt im Detail.

Rahmenbedingungen		Wirkung auf den Büro-, Verkaufs- und Wohnliegenschaftsmarkt					
		Trend[1]	Quantitative Veränderung der nachgefragten Menge an Wohn- und Geschäftsliegenschaften			Qualitative Veränderung der nachgefragten Menge an Wohn- und Geschäftsliegenschaften (nachgefragte Nutzfläche!)	
			Nachfrage Nutzfläche	Nachfrage Investitionen	Angebot Neubau	Bestand Nutzfläche	Lagemerkmale	Objektmerkmale
Wirtschaft	Zahl Erwerbstätige[2]	→[3]	Xa	Xg	–	–	– Gute Anbindung an den ÖV – **Integration des Standorts** – *Erreichbarkeit: geringe Distanz zu lokalem Zentrum, zu Einkaufsmöglichkeiten des täglichen Bedarfs und zu Naherholungsgebieten*	Hohe Nutzungs-/Umnutzungs- und Nutzerflexibilität, Erweiterbarkeit
	Neue Fahrzeugtechnologien[4]	↗*	–	–	–	–	–	–
	Neue Gebäudetechnik	↗*	–	–	Xd	–	Standort an lärmbelasteten Lagen möglich (dank Komfortlüftung)	Energieverbrauch/ Energieeffizienz
	Neue Baumaterialien	↗*	–	–	–	–	–	Energieverbrauch/ Energieeffizienz

1 Es wird ein Zeithorizont von rund 30 Jahren betrachtet.
2 Aufgrund des veränderten Trends (konstante Erwerbstätigenzahl) wird dieser Indikator im Folgenden nicht weiter verwendet.
3 Quelle: BFS, Szenarien zur Bevölkerungsentwicklung der Schweiz 2010–2060.
4 Trotz eines bestehenden Trends wird dieser Indikator im Folgenden nicht weiter verwendet. Der Trend ist bekannt und wird bei bestehenden Bewertungen ausreichend berücksichtigt.
* Hierzu liegen keine Szenarien vor, diese Annahmen stützen sich auf Expertenmeinungen.

| Rahmenbedingungen | Wirkung auf den Büro-, Verkaufs- und Wohnliegenschaftsmarkt |||||||
| | Trend¹ | Quantitative Veränderung der nachgefragten Menge an Wohn- und Geschäftsliegenschaften |||| Qualitative Veränderung der nachgefragten Menge an Wohn- und Geschäftsliegenschaften (nachgefragte Nutzfläche!) ||
		Nachfrage Nutzfläche	Nachfrage Investitionen	Angebot Neubau	Bestand Nutzfläche	Lagemerkmale	Objektmerkmale
Gesellschaft							
Ständige Wohnbevölkerung	↗⁵	–	Xg	–	–	– Gute Anbindung an den ÖV – **Integration des Standorts** – Erreichbarkeit: geringe Distanz zu lokalem Zentrum, zu Einkaufsmöglichkeiten des täglichen Bedarfs und zu Naherholungsgebieten	Hohe Nutzungs-/Umnutzungs- und Nutzerflexibilität
Anzahl Haushalte	↗⁶	–	Xg	–	–	– Gute Anbindung an den ÖV – **Integration des Standorts** – Erreichbarkeit: geringe Distanz zu lokalem Zentrum, zu Einkaufsmöglichkeiten des täglichen Bedarfs und zu Naherholungsgebieten	– Hohe Nutzungs-/Umnutzungs- und Nutzerflexibilität – Erweiterbarkeit des Gebäudes
Anteil ältere Wohnbevölkerung	↗⁷	–	Xg	–	–	– Gute Anbindung an den ÖV – **Integration des Standorts**	Rollstuhlgängig (Fahrstühle, überwindbare Höhendifferenzen usw.)

1 Es wird ein Zeithorizont von rund 30 Jahren betrachtet.
5 Quelle: BFS, Szenarien zur Bevölkerungsentwicklung der Schweiz 2010–2060.
6 Quelle: BFS, Haushaltsszenarien – Entwicklung der Privathaushalte zwischen 2005 und 2030.
7 Quelle: BFS, Szenarien zur Bevölkerungsentwicklung der Schweiz 2010–2060.

3.3 Nachhaltigkeitsmerkmale

Gesellschaft	Anzahl Personen pro HH	↘[8]	–	–	–	– Gute Anbindung an den ÖV – **Integration des Standorts**	Hohe Nutzungs-/Umnutzungs- und Nutzerflexibilität
	Menge motorisierter Privatverkehr[9]	↗[10]	–	–	–	–	–
	Attraktivität des öffentlichen Verkehrs	↗[11]	–	–	–	– Gute Anbindung an den ÖV – **Integration des Standorts** – Erreichbarkeit: geringe Distanz zu lokalem Zentrum, zu Einkaufsmöglichkeiten des täglichen Bedarfs und zu Naherholungsgebieten	Veloabstellplätze beim Gebäude
	Sicherheitsbedürfnis	↗*	–	–	–	–	– Objekt- und personenbezogene Sicherheitsvorkehrungen (Beleuchtung und Belichtung) – Altbauten müssen heutige gesetzliche Vorschriften erfüllen – <u>**Technische Sicherheitseinrichtungen**</u>

8 Quelle: BFS, Haushaltsszenarien – Entwicklung der Privathaushalte zwischen 2005 und 2030.
9 Trotz eines bestehenden Trends wird dieser Indikator im Folgenden nicht weiter verwendet. Der Trend ist bekannt und wird bei bestehenden Bewertungen ausreichend berücksichtigt.
10 Quelle: Perspektiven des schweizerischen Personenverkehrs bis 2030.
11 Quelle: Econcept: Arbeitsplätze durch Umlagerung von Treibstoffzollgeldern, 2005.
* Hierzu liegen keine Szenarien vor, diese Annahmen stützen sich auf Expertenmeinungen.

3 Die Messung der Nachhaltigkeit aus Investitionssicht

Rahmenbedingungen		Trend[1]	Wirkung auf den Büro-, Verkaufs- und Wohnliegenschaftsmarkt					
			Quantitative Veränderung der nachgefragten Menge an Wohn- und Geschäftsliegenschaften				Qualitative Veränderung der nachgefragten Menge an Wohn- und Geschäftsliegenschaften (nachgefragte Nutzfläche!)	
			Nachfrage Nutzfläche	Nachfrage Investitionen	Angebot Neubau	Bestand Nutzfläche	Lagemerkmale	Objektmerkmale
Gesellschaft	Gesundheits-bewusstsein	↗*	–				–	– **Lärmbelastung** – Individuelle Regulierbarkeit Raumklima und Licht – Raumluftqualität – Belastung durch Elektrosmog – Altlasten – Ökologische Baumaterialien – Rezyklierbarkeit/Cradle-to-Cradle – *Feinstaub, Belastung des Standorts, Ozon*
Gesellschaft	Urbanisierung	↗*	–	–	–	–	Gute Anbindung an den ÖV **Integration des Standorts**	Hohe Nutzungs-/Umnutzungs- und Nutzerflexibilität, Erweiterbarkeit
Politik	Wassergebühren	↗*	–	–	–	–	–	– Tiefer Wasserverbrauch (wassersparende Armaturen usw.) – Abwasserentsorgung (Trennsystem) – Regenwassernutzung (z. B. für WC)

1 Es wird ein Zeithorizont von rund 30 Jahren betrachtet.
* Hierzu liegen keine Szenarien vor, diese Annahmen stützen sich auf Expertenmeinungen.

3.3 Nachhaltigkeitsmerkmale

Politik						
Baulandreserven	↗*	–	–	Xe	–	Optimale Platznutzung (Nutzungsflexibilität)
Vorgaben bez. Gesamtenergieeffizienz von Gebäuden	↗[12]	Xb	–	Xd	–	– Energieverbrauch/Energieeffizienz – Dezentral erzeugte, erneuerbare Energien – Reduzierter Verbrauch fossiler Energien (Heizen und Warmwasser)
Einführung von CO_2-Abgaben	↗*	–	Xh	–	–	Energieverbrauch/Energieeffizienz
Parkplatzverordnung/Anzahl privater Fahrzeugabstellplätze	↘[13]	–	–	–	Gute Anbindung an den ÖV	– Anzahl Fahrzeugabstellplätze – Veloabstellplätze beim Gebäude

[12] Quellen: Rat der Europäischen Union, 2010. EPBP – Energy Performance of Buildings Directive, 2010.
[13] Quelle: Stadt Zürich, Tiefbau- und Entsorgungsdepartement, Verordnung über private Fahrzeugabstellplätze – Parkplatzverordnung (Entwurf, 2008).
* Hierzu liegen keine Szenarien vor, diese Annahmen stützen sich auf Expertenmeinungen.

3 Die Messung der Nachhaltigkeit aus Investitionssicht

Rahmenbedingungen		Wirkung auf den Büro-, Verkaufs- und Wohnliegenschaftsmarkt						
			Quantitative Veränderung der nachgefragten Menge an Wohn- und Geschäftsliegenschaften			Qualitative Veränderung der nachgefragten Menge an Wohn- und Geschäftsliegenschaften (nachgefragte Nutzfläche!)		
	Trend[1]	Nachfrage Nutzfläche	Nachfrage Investitionen	Angebot Neubau	Bestand Nutzfläche	Lagemerkmale	Objektmerkmale	
Umwelt und Energie	Klimaerwärmung	↗[14]	–	–	–	–	Lage hinsichtlich möglicher Naturgefahren (Hochwasser-, Lawinen-, Erdrutsch- und Sturzgefährdung)	– Tiefer Verbrauch fossiler Energien – Tiefer Kühlbedarf (natürliche Kühlung) – Bauliche Sicherheitsvorkehrungen (objektive und personenbezogene)
	Strompreis	↗[15]	–	–	–	–	–	– Tiefer Stromverbrauch (z.B. natürliche Kühlung und Beleuchtung) – Eigene dezentral erzeugte, erneuerbare Energie – Tiefer Energiebedarf für Haushaltsgeräte

1 Es wird ein Zeithorizont von rund 30 Jahren betrachtet.
14 Quelle: OcCC, Klimaänderung und die Schweiz 2050 – Erwartete Auswirkungen auf Umwelt, Gesellschaft und Wirtschaft.
15 Quelle: BFE, Energieperspektiven bis 2035, Band 2, Szenarios I–IV.
16 Quelle: BFE, Energieperspektiven bis 2035, Band 4, Exkurse.

3.3 Nachhaltigkeitsmerkmale

Umwelt und Energie	Preis fossile Energieträger	↗[16]	-	-	Xd	-	- Gute Anbindung an den ÖV - **Integration des Standorts** - *Erreichbarkeit: geringe Distanz zu lokalem Zentrum, zu Einkaufsmöglichkeiten des täglichen Bedarfs und zu Naherholungsgebieten*	- Tiefer Verbrauch an fossiler Energie (Heizen und Warmwasser) - Eigene, dezentral erzeugte, erneuerbare Energie - Veloabstellplätze vor dem Gebäude
	Extreme Wetterereignisse	↗[17]	-	-	-	-	Lage hinsichtlich möglicher Naturgefahren (Hochwasser-, Lawinen-, Erdrutsch- und Sturz-, Erdbebengefährdung)	- Objekt- und personenbezogene Sicherheitsvorkehrungen (Beleuchtung und Belichtung) - Altbauten müssen heutige gesetzliche Vorschriften erfüllen - **<u>Technische Sicherheitseinrichtungen</u>**

17 Quelle: OcCC, Klimaänderung und die Schweiz 2050 - Erwartete Auswirkungen auf Umwelt, Gesellschaft und Wirtschaft.

Tabelle 4: Nachhaltigkeitsmerkmale aus finanzieller Sicht.

Nachhaltigkeitsmerkmale	Rahmenbedingungen[23]
1. Flexibilität und Polyvalenz – Nutzungsflexibilität – Nutzerflexibilität	– Demografie – Struktur der Haushalte
2. Ressourcenverbrauch und Treibhausgase – Energie und Treibhausgase – Wasser – Baumaterialien	– Klimaerwärmung, – Energie- und Wasserpreise
3. Standort und Mobilität – Öffentlicher Verkehr – Nicht motorisierter Verkehr – Standort	– Anteil der älteren Wohnbevölkerung – Preis fossiler Energieträger
4. Sicherheit – Lage hinsichtlich Naturgefahren – Bauliche Sicherheitsvorkehrungen	– Klimaerwärmung – Sicherheitsbedürfnis
5. Gesundheit und Komfort – Raumluft – Lärm – Tageslicht – Strahlung – Baumaterialien	– Sicherheitsbedürfnis – Gesundheitsbewusstsein – Gebäudetechnik

Quelle: Meins et al. 2012.

Flexibilität und Polyvalenz
Bei der Flexibilität und Polyvalenz wird unterschieden zwischen Nutzungsflexibilität und Nutzerflexibilität. Bei der Nutzungsflexibilität geht es darum, dass eine Immobilie den Wechsel zwischen unterschiedlichen Nutzungen (Wohnen, Büro, Praxis, Kindertagesstätte usw.) zulässt. Dabei spielen ausreichende Geschosshöhen oder die Möglichkeit einer freien Raumeinteilung eine Rolle. Bei der Nutzerflexibilität hingegen geht es darum, dass gleiche Nutzung für unterschiedliche Nutzer (wie ältere Menschen, Familien mit kleinen Kindern, Rollstuhlfahrer usw.) möglich ist. Dabei spielen Rollstuhlgängigkeit und hindernisfreies Bauen (ausreichende Breite von Türen und Gängen, rollstuhl-

---

23 Einbezug aufgrund erwarteter Veränderung der nachfolgenden Rahmenbedingungen.

gängige Sanitärräume usw.) eine ebenso zentrale Rolle wie die vertikale Erschliessung (Vorhandensein eines Aufzugs).

Immobilienmerkmale, welche die Flexibilität und Polyvalenz betreffen, wurden primär aufgrund sich abzeichnender gesellschaftlicher Veränderungen (Demografie und Struktur der Haushalte) festgelegt. Sie sind aber auch von Bedeutung für zukünftige Veränderungen ohne eindeutigen Trend. Heute ist beispielsweise noch nicht ersichtlich, welchen Einfluss technologische Entwicklungen auf die Gebäudeverkabelungen haben. Darauf geben die Nachhaltigkeitsmerkmale «Zugänglichkeit» und «Reservekapazität für Leitungen» eine Antwort.

Ressourcenverbrauch und Treibhausgase
Hier geht es darum, wie gut eine Immobilie mit der zunehmenden Knappheit und damit einhergehenden Preissteigerungen natürlicher Ressourcen – wie steigenden Energie- und Wasserpreisen – umgehen kann. Als Folge des Klimawandels erhalten auch Treibhausgase bzw. deren Vermeidung eine höhere Relevanz. Energieeffizienz, d.h. ein möglichst niedriger Energiebedarf für Wärme (Heizen und Warmwasser) und Kühlung (aufgrund der Klimaerwärmung wird der Bedarf nach Raumkühlung im Sommer zunehmen) sowie vor Ort erzeugte erneuerbare Energie (Sonnenenergie, Umgebungs- und Erdwärme usw.) mindern die Abhängigkeit von Preissteigerungen bei nicht erneuerbaren Energieträgern und tragen so zum Immobilienwert bei. Bei der Wasserabhängigkeit stehen niedriger Wasserverbrauch, Abwasserentsorgung sowie Regenwassernutzung im Vordergrund.

Standort und Mobilität
Aufgrund steigender Treibstoffpreise und der zunehmenden Zahl älterer Menschen wird die Nachfrage nach öffentlichem und nicht motorisiertem Verkehr zunehmen. Nachhaltig sind Immobilien, die einerseits gut mit öffentlichen Verkehrsmitteln erschlossen sind (kurze Distanz zur nächsten Haltestelle sowie hohe Fahrplandichte). Andererseits spielt die Mikrolage eine Rolle: Nachhaltig sind Liegenschaften, die für Fahrradfahrer und Fussgänger gut erreichbar sind und über Fahrradabstellplätze verfügen. Bei Wohnimmobilien sind überdies kurze Distanzen zum nächsten lokalen Zentrum, zu Einkaufsmöglichkeiten für den täglichen Bedarf und zur Naherholung (z.B. Wald, Flüsse, Seen) von Bedeutung.

Sicherheit
Aufgrund des Klimawandels ist in der Zukunft vermehrt mit Starkwetterereignissen (Hochwasser, Stürme, Starkregen, Hagel, Schneelasten und Lawinen) zu rechnen. Die Zunahme von Intensität und Häufigkeit solcher Starkwetterereignisse führt zu einem höheren Schadenrisiko. Eine nachhaltige Immobilie hat ein niedrigeres Risiko, aufgrund von zukünftigen Starkwetterereignissen Schaden zu nehmen. Dabei sind sowohl die Lage bezüglich Hochwasser-, Lawinen-, Erdrutsch- oder Bergsturzgefahr als auch objektbezogene Sicherheitsvorkehrungen (Vermeidung schadensanfälliger Materialien und Konstruktionen) relevant für den Wert einer Immobilie.

Aufgrund steigender Sicherheitsbedürfnisse in der Bevölkerung werden auch personenbezogene Sicherheitsvorkehrungen an Bedeutung zunehmen. Hierbei ist beispielsweise bei unübersichtlichen Stellen und Orten, wie Tiefgaragen, auf eine gute Belichtung und Beleuchtung zu achten. Wichtig sind auch geeignete Brandschutzvorkehrungen sowie Fluchtwege und Notausgänge.

Gesundheit und Komfort
Ein steigendes Gesundheitsbewusstsein führt dazu, dass objektbezogene Gesundheits- und Komfortaspekte an Bedeutung gewinnen. Eine nachhaltige Immobilie zeichnet sich durch eine hohe Raumluftqualität aus. Diese wird u.a. bestimmt durch niedrige Ozon-, Feinstaub- und Strahlungswerte (Elektrosmog- und Radonimmissionen) sowie durch die Verwendung ökologischer Baumaterialien, welche keine Schadstoffe emittieren. Bei lagebedingten Luftschadstoffbelastungen stellt auch eine gute Lüftung (Komfortlüftung mit entsprechenden Filtern) ein Nachhaltigkeitsmerkmal dar.

Eine geringe Lärmbelastung ist ebenfalls ein Nachhaltigkeitsmerkmal. Dabei ist zwischen lagebedingter Lärmbelastung und gebäudeinterner Lärmbelastung zu unterscheiden. Eine Komfortlüftung ist bei lärmbelasteten Standorten von Vorteil. Eine geringe interne Lärmbelastung kann durch eine geeignete Konstruktion und durch die Wahl lärmmindernder Materialien erreicht werden. Schliesslich wird auch eine Bauweise, welche für ausreichendes Tageslicht sorgt, an Bedeutung zunehmen.

3.4 Indikatoren und Codierung

3.4.1 Festlegung von Teil- und Subindikatoren

Für die in Kapitel 3.3.2 hergeleiteten Nachhaltigkeitsmerkmale werden als Grundlage für die Erfassung Teil- sowie Subindikatoren festgelegt. Beim Nachhaltigkeitsmerkmal «Flexibilität und Polyvalenz» beispielsweise wird zwischen Nutzungsflexibilität und Nutzerflexibilität unterschieden. Bei der Nutzungsflexibilität geht es um die Frage, wie gut eine Immobilie einer neuen Nutzung zugeführt werden kann. Erfasst wird dies anhand der Subindikatoren Raumeinteilung, Geschosshöhe, Zugänglichkeit und Reservekapazität von Kabeln, Leitungen und Haustechnik. Bei der Nutzerflexibilität geht es darum, zu beurteilen, wie gut eine Immobilie mit sich wandelnden Nutzerbedürfnissen umgehen kann. Die Nutzerflexibilität wird erfasst anhand der Subindikatoren rollstuhlgängiger Lift und rollstuhlgängige Sanitärräume, überwindbare Höhendifferenzen, genügend breite Türen und Korridore. Bei Mehrfamilienhäusern wird zusätzlich die Flexibilität der Grundrisse der Küchen, das Vorhandensein eines Abstellplatzes für Gehhilfen oder Kinderwagen sowie die Nutzbarkeit des Aussenraums erfasst.

Die Herausforderung bei der Festlegung der Subindikatoren liegt in der Vereinbarkeit von Plausibilität und Praktikabilität. Die Subindikatoren müssen also zum einen möglichst aussagekräftig sein und gleichzeitig müssen für diese zum anderen in der Praxis Daten verfügbar sein bzw. einfach erhoben werden können. Für die Festlegung der Subindikatoren und deren Codierung gilt Folgendes:

a) Immobilienspezifische (von der Immobilie gegebene), nicht nutzerspezifische Merkmale (z. B. Betriebsenergie und Grundausbau)
b) Verhältnismässigkeit in Bezug auf den Immobilienwert
c) Verhältnismässigkeit in Bezug auf den Erhebungsaufwand

Unterscheidung nach Nutzungstyp
Definitionsgemäss ergeben sich je nach Nutzungstyp unterschiedliche Anforderungen an die Nutzung. Dies hat auch Folgen für die Operationalisierung der Nachhaltigkeitsmerkmale. Aus diesem Grund wird der ESI-Indikator für Mehrfamilienhäuser, Büro- und Verkaufsgebäude separat spezifiziert (siehe letzte Spalten von Tabelle 5). Für Mehrfamilienhäuser gibt es 43 Subindikatoren, für Bürogebäude 40 und für Verkaufsliegenschaften 32. Bei gemischten Nutzungen erfolgt die Berechnung des ESI-Indikators anteilsmässig entsprechend der Flächenaufteilung nach Nutzungstyp.

Tabelle 5: Subindikatoren nach Nutzungstyp im Überblick.

N.-merkmale	Teilindikatoren		Büro	Verkauf	MFH
1. Flexibilität und Polyvalenz	**1.1**	**Nutzungsflexibilität**			
	1.1.1	Raumeinteilung	x	x	x
	1.1.2	Geschosshöhe	x	x	x
	1.1.3	Zugänglichkeit Kabel/Leitungen/Haustechnik	x	x	x
	1.1.4	Reservekapazität Kabel/Leitungen/Haustechnik	x	x	x
	1.2	**Nutzerflexibilität**			
	1.2.1	Vorhandensein (rollstuhlgängiger) Lift für alle Stockwerke, sofern mehrgeschossig	x	x	x
	1.2.2	Überwindbare Höhendifferenzen innen und aussen	x	x	x
	1.2.3	Genügend breite Türen	x	x	x
	1.2.4	Genügend breite Korridore	x	x	x
	1.2.5	Sanitärräume rollstuhlgängig	x	x	x
	1.2.6.	Flexibilität Grundriss Küche	—	—	x
	1.2.7	Abstellplatz für Gehhilfe/Kinderwagen	—	—	x
	1.2.8	Nutzbarkeit Aussenraum	—	—	x
2. Ressourcenverbrauch und Treibhausgase	**2.1**	**Energie und Treibhausgase**			
	2.1.1	Energiebedarf			
	2.1.1.1	Heizwärmebedarf in MJ/m²a	x	x	x
	2.1.1.2	Kühlbedarf	x	x	x
	2.1.2	Nutzung erneuerbarer Energie			
	2.1.2.1	Zur Deckung des Wärmebedarfs	x	x	x
	2.1.2.2	Zur Deckung des Strombedarfs	x	x	x
	2.2	**Wasser**			
	2.2.1	Wasserverbrauch	x	x	x
	2.2.2	Niederschlagsentwässerung	x	x	x
	2.2.3	Regenwassernutzung	x	x	x
	2.3	**Baumaterialien**			
	2.3.1	Rezyklierbarkeit Baumaterialien	x	x	x

3.4 Indikatoren und Codierung

N.-merk-male		Teilindikatoren	Büro	Ver-kauf	MFH
3. Standort und Mobilität	**3.1**	**Öffentlicher Verkehr**			
	3.1.1	Öffentlicher Verkehr	x	x	x
	3.2.	**Nicht motorisierter Verkehr**			
	3.2.1	Veloabstellplätze	x	x	x
	3.3	**Standort**			
	3.3.1	Distanz lokales/regionales Zentrum	x	—	x
	3.3.2	Distanz Einkaufsmöglichkeiten des täglichen Bedarfs	x	—	x
	3.3.3	Distanz Naherholung / Grünanlagen	x	x	x
	3.3.4	Prestige-Lage / 1A-Lage	x	x	x
4. Sicherheit	**4.1**	**Lage hinsichtlich Naturgefahren**			
	4.1.1	Lage hinsichtlich Naturgefahren (zunehmende Hochwasser-, Lawinen-, Erdrutsch- und Erdsturzgefährdung)	x	x	x
	4.2	**Bauliche Sicherheitsvorkehrungen**			
	4.2.1	Objektbezogene Sicherheitsvorkehrungen			
	4.2.1.1	Objektbezogene Sicherheitsvorkehrungen bez. Hochwasser	x	x	x
	4.2.1.2	Objektbezogene Sicherheitsvorkehrungen bez. Erdbeben	x	x	x
	4.2.2	Personenbezogene Sicherheitsvorkehrungen			
	4.2.2.1	Beleuchtung / Belichtung	x	x	x
	4.2.2.2	Brandschutz	x	x	x
5. Gesundheit und Komfort	**5.1**	**Gesundheit und Komfort**			
	5.1.1	Raumluftqualität	x	—	x
	5.1.2	Lärmbelastung			
	5.1.2.1	Aussenlärm	x	—	x
	5.1.2.2	Innenlärm: Luftschall	x	—	x
	5.1.2.3	Innenlärm: Trittschall	x	—	x
	5.1.2.4	Innenlärm: Geräusche haustechnischer Anlagen und fester Einrichtungen im Gebäude	x	—	x
	5.1.3	Tageslichtanteile	x	—	x

N.-merk-male	Teilindikatoren		Büro	Ver-kauf	MFH
5. Gesundheit und Komfort	5.1.4	Belastung durch Strahlung			
	5.1.4.1	Elektromagnetische Felder (nicht ionisierend): Mobilfunk	—	—	x
	5.1.4.2	Elektromagnetische Felder (nicht ionisierend): Stromversorgungsnetz	—	—	x
	5.1.4.3	Radon (ionisierend)	x	x	x
	5.1.5	Baumaterialien			
	5.1.5.1	Ökologische Baumaterialien bei Neubauten	x	x	x
	5.1.5.2	Gesundheitsschädigende Materialien bei Altbauten	x	x	x
	5.1.6	Altlasten	x	x	x

Quelle: Meins et al. 2012.

3.4.2 Festlegung der Codierung

Für jeden der Subindikatoren ist definiert, wie er zu erfassen und zu beurteilen ist. Die Codierung umfasst in der Regel drei Ausprägungen: Der günstigsten Ausprägung ist der Wert +1 (überdurchschnittlich nachhaltig) zugewiesen: Die Immobilie erfüllt die Anforderungen des Subindikators und übertrifft die gängigen Gebäudestandards und Normen. Der ungünstigsten Ausprägung entspricht der Wert −1 (unterdurchschnittlich nachhaltig): Die Immobilie erfüllt die Anforderungen des Subindikators nicht und liegt unter den gängigen Gebäudestandards und Mindestanforderungen der Normen. Der Wert 0 entspricht einem durchschnittlichen Neubau (durchschnittlich nachhaltig): Die Immobilie erfüllt die gängigen Gebäudestandards und Normen.

Bei der Formulierung der Ausprägungen stehen wiederum die Plausibilität sowie die Praktikabilität im Vordergrund, d.h. neben der Aussagekraft soll die Codierung eine einfache und schnelle Handhabung erlauben. In der Regel werden die Codierungen als Anforderungen formuliert und deren Erfüllungsgrad wird beurteilt. Teilweise wird zusätzlich die Möglichkeit einer nachträglichen Erfüllung der Anforderungen berücksichtigt.

Für den Subindikator «Raumeinteilung» ist beispielsweise definiert, dass eine Immobilie mit +1 bewertet wird, wenn eine freie Raumeinteilung mit kleinen baulichen Eingriffen möglich ist, wenn beispielsweise eine separate Trag- und Trennstruktur besteht oder ein

Leichtbausystem vorliegt. Ist eine freie Raumeinteilung nur mit grossen baulichen Eingriffen möglich, wird die Immobilie mit 0 und eine fixe Raumeinteilung mit –1 bewertet.

Je nach Subindikator können diese Codierungen für alle Nutzungstypen gleich sein oder sich unterscheiden. Die Codierungen für alle Subindikatoren sind im Anhang I aufgeführt. Alle Subindikatoren entsprechen dem ESI-Indikator. Aber wie steht es um die finanzielle Relevanz der einzelnen Subindikatoren? Ist der Heizwärmebedarf gleich relevant wie die Grundrissflexibilität? Die Ermittlung der finanziellen Relevanz der einzelnen Subindikatoren erlaubt eine Gewichtung der Subindikatoren und damit auch eine abschliessende Beurteilung in einer Zahl (Rating).

3.5 Gewichtung[24]

Gemäss der Investitionssicht auf Nachhaltigkeit geht es bei der Gewichtung darum, zu ermitteln, wie stark die Subindikatoren (und damit die Nachhaltigkeitsmerkmale) das Risiko eines Wertverlusts reduzieren und zu einer tieferen Schwankung der Erträge führen. Als Gewichtungsmodell dient ein DCF-Modell. Die zuvor hergeleiteten Nachhaltigkeitsmerkmale bzw. Subindikatoren werden neben den üblichen Inputparametern im DCF modelliert.

3.5.1 Szenarien mit Ertrags- und Kostenfolgen sowie Wahrscheinlichkeiten

Ausgangslage für die Risikoschätzung ist die Annahme, dass langfristige Entwicklung zu einer Veränderung der Nachfrage nach den definierten Nachhaltigkeitsmerkmalen und deren Subindikatoren führt. Da die Zukunft unsicher ist, werden für die Modellierung der Nachhaltigkeitsmerkmale Szenarien verwendet. Diese bilden die wahrscheinliche Bandbreite der zukünftigen Nachfrage ab. Zusätzlich werden Eintretenswahrscheinlichkeiten für jedes der Szenarien sowie für die Auswirkung der Nachfrageänderung auf die Cashflows der Immobilie benötigt.

Die Szenarien wurden basierend auf den identifizierten langfristigen Entwicklungen hergeleitet. Die Eintretenswahrscheinlichkeiten

---

24 Als Grundlage für dieses Kapitel dient das CCRS Working Paper von Meins und Sager (2013).

und die Auswirkungen auf die Cashflows wurden von einem Expertenpanel geschätzt. Der Zeitrahmen für die Schätzungen beträgt 30 Jahre in die Zukunft. Die Schätzung der Auswirkungen der zukünftigen Nachfrage ist naturgemäss unsicher. Auch wenn man sich bei Schätzungen auf historische Vergleichswerte abstützen kann – ein gewisser Grad an Subjektivität bleibt doch bestehen.

Um die Schätzungen so objektiv wie möglich zu gestalten, wurde ein zweistufiger Ansatz gewählt: Zunächst haben die Mitglieder des Expertenpanels die Schätzungen individuell vorgenommen. In einem zweiten Schritt wurden die Schätzungen durch das gesamte Expertenpanel validiert. Das Panel bestand aus Experten für Baukosten (für die Kostenschätzungen) und Bewertungsexperten (für die Ertragsschätzungen). Um die Schätzungen möglichst zu standardisieren, haben die Experten die Kosten und Erträge für eine Referenzliegenschaft geschätzt. Die Details dazu sowie diejenigen für die Szenarien, Eintretenswahrscheinlichkeiten, Kosten und Erträge werden nachfolgend diskutiert.

Die Szenarien beschreiben die Bandbreite der wahrscheinlichen zukünftigen Nachfrageänderungen für die 43 Subindikatoren. Dabei drücken die Szenarien die erwarteten Anforderungen aus, welche Liegenschaften aufgrund langfristiger Entwicklungen in 30 Jahren zu erfüllen haben. Für jeden der Subindikatoren werden vier Zukunftszustände definiert: Diese gehen von Null, für die Annahme, dass keine Nachfrageänderung eintritt, bis zum Maximalszenario, welches die stärkste wahrscheinliche Auswirkung abbildet. Dazwischen bilden ein Minimal- und ein Mediumszenario die wahrscheinlichen Abstufungen zwischen diesen beiden Extremen ab. Abbildung 8 illustriert die Häufigkeitsverteilung über die vier Zukunftszustände für den ESI-Subindikator 1.1.1. Der Wert x steht in der Abbildung 8 für das Nullszenario (keine Änderung), der Wert x–125 für das Maximalszenario, das mit 10-prozentiger Wahrscheinlichkeit eintreten wird.

Die geschätzten Eintretenswahrscheinlichkeiten bilden die Wahrscheinlichkeit ab, dass Immobilien die durch die Szenarien definierten Anforderungen zukünftig zu erfüllen haben. Die Wahrscheinlichkeiten nehmen für jedes Szenario Werte zwischen 0 und 1 an, die Summe ergibt 1.

Die geschätzten Kosten bilden die Folge für jeden Subindikator und jeden Zukunftszustand ab, in der Annahme, dass der Zukunftszustand eintritt. Das Ausmass der Folge wird unter der Annahme geschätzt, dass die Immobilie die zukünftige Nachfrage nicht erfüllt und eine Ausprägung des Subindikators mit dem Wert –1 ausweist (für die Model-

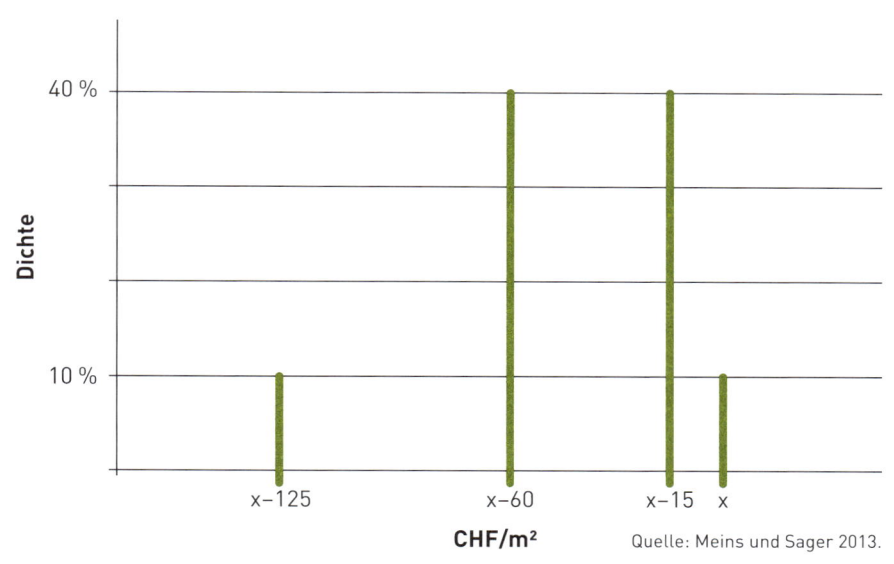

Abbildung 8: Verteilung der Auswirkungen des Subindikators «Grundriss» auf die Cashflows (x) in Abhängigkeit der Zukunftszustände.

lierung wird dies als ESI Typ –1 bezeichnet). Die Kosten werden für die Referenzliegenschaft in CHF pro Quadratmeter Bruttogeschossfläche ausgewiesen. Zudem werden die Kosten als zusätzliche Kosten geschätzt, also als Kosten, welche im Rahmen einer ordentlichen Sanierung zusätzlich auftreten. Um der Tatsache gerecht zu werden, dass die Schätzungen mit Unsicherheit behaftet sind, werden Bandbreiten für die Schätzungen geschätzt. Dies ergibt eine Dreiecksverteilung der Schätzungen.

Es gibt Fälle, bei denen es nicht möglich ist, zukünftige Anforderungen mittels einer Sanierung zu erfüllen (beispielsweise weil die Nachfrageänderung mit der Lage in Zusammenhang steht) oder wo dies aufgrund des Kosten-Nutzen-Verhältnisses nicht rentabel wäre (beispielsweise eine Anpassung der Geschosshöhe). In diesen Fällen wird das Ausmass der Folge nicht als Kostenfolge, sondern als Folge auf die Erträge geschätzt, genauer: als Ertragsminderung.

Die geschätzten Ertragsminderungen bilden das Ausmass der Folgen ab – unter der Annahme, dass der jeweilige Zukunftszustand eintritt. In Anlehnung an die Kostenschätzungen wird die Folge unter der Annahme geschätzt, dass die Immobilie die zukünftige Anforderung nicht erfüllt, also eine Ausprägung des Nachhaltigkeitsmerkmals mit dem Wert –1 aufweist. Die Ertragsminderungen werden als prozentuale Verringerung der Mieterträge für die Referenzliegenschaft geschätzt. Wie bei den Kostenschätzungen werden bei den Ertragsschätzungen Bandbreiten geschätzt, um den mit den Schätzungen verbundenen Unsicherheiten gerecht zu werden.

Als Referenzliegenschaft dient ein Mehrfamilienhaus (MFH), welches einem durchschnittlichen Schweizer MFH im tieferen Preissegment entspricht. Der Ausbaustandard der im Jahr 1950 erstellten Liegenschaft ist gering. Für weitere Angaben zur Referenzliegenschaft verweisen wir auf Meins et al. (2012).

3.5.2 Modellspezifikation

Die Finanzwissenschaft stellt Modelle zur Verfügung, um Risiken im Marktgleichgewicht zu quantifizieren und dessen Preis zu schätzen (z. B. Capital-Asset-Pricing-Modelle). Die grundsätzliche Frage, ob eine Anwendung dieser Modelle für Immobilienmärkte zulässig ist, bleibt unbeantwortet, insbesondere für direkte Immobilienanlagen (siehe z. B. Geltner und Miller 2001 sowie Ooi et al. 2009). Es stellt sich bei direkten Immobilien die Frage, ob die Risikoprämien Abgeltungen für unsystematisches Risiko, Liquidität und überdurchschnittliche Abhängigkeit von gesetzlichen Veränderungen und Informationskosten enthalten (Damodaran 2012).

Wenn Risikoprämien korrekt gemessen und erwartete Cashflows korrekt modelliert werden können, würden Discounted-Cash-Flow-Bewertungen (DCF-Bewertungen) den Marktwert von Immobilien exakt abbilden. Das Bewusstsein nimmt allerdings zu, dass diese Sicht vereinfacht ist, weil Immobilienbewertungen mit Unsicherheit einhergehen und gegen die oben formulierten Annahmen verstossen. Wo Unsicherheit im Zusammenhang mit Risikoprämien oder erwarteten Cashflows auftritt, können grundsätzliche Methoden der Risikoanalyse verwendet werden, um diese Unsicherheit zu quantifizieren. In der Praxis impliziert dies die Verwendung von Sensitivitätsanalysen oder Monte-Carlo-Simulationen.[25]

Die Verwendung von Monte-Carlo-Simulationen als Methode der Risikoanalyse im Kontext von Investmentbewertungen ist kein neues Konzept (siehe z. B. Savvides 1994). Diese werden in Fällen angewandt,

---

[25] Nicht alle Unsicherheiten können in Wahrscheinlichkeitsverteilungen ausgedrückt werden. Siehe Bywater (2011) für eine Klassifikation von Unsicherheiten.

in denen nicht diversifizierbare Risiken den Wert einer Investition stark beeinflussen können (z.B. im Fall von Kernkraftwerken, siehe Rode et al. 2001). Für Immobilieninvestitionen wurden Monte-Carlo-Simulationen für DCF-Bewertungen von Hoesli et al. (2006) angewandt.

Unabhängig von der Frage, ob Risikoprämien überhaupt korrekt gemessen werden können, ist eine Messung nur für Entwicklungen möglich, bei denen erstens historische Daten (Zeitreihen) verfügbar sind. Zweitens würden diese nur zutreffen, wenn die zugrunde liegenden historischen Zukunftszustände auch unverändert in der Zukunft gelten, d.h. keine Strukturbrüche oder Trendänderungen auftreten. Bei gewissen Themen, wie der Endlichkeit von natürlichen Ressourcen, handelt es sich um neue Trends, welche nicht ausreichend durch historische Daten abgebildet werden. Der ESI-Indikator ist so spezifiziert, dass die Folgen von sich abzeichnenden langfristigen Entwicklungen erfasst werden, welche das Risiko in der Zukunft beeinflussen. Deren Folgen können (noch) nicht mit historischen Daten erfasst werden – sei es, weil die entsprechenden Daten nicht verfügbar sind oder weil es sich um neu auftretende Zukunftszustände handelt.

Messung von Risiko ohne historische Daten
Das Vorgehen für Risikoanalysen mithilfe von Monte-Carlo-Simulationen ist bei Investitionsbewertungen (nicht aber bei Immobilieninvestitionen) relativ gut erforscht und beinhaltet folgende Punkte (Savvides 1994):
1. Festlegung eines Bewertungsmodells
2. Festlegung der Wahrscheinlichkeitsverteilungen (objektiv oder subjektiv) der zukünftigen Outcomes
3. Unterscheidung der relevanten von den irrelevanten Variablen des Bewertungsmodells auf der Grundlage der Sensitivität des Resultats in Abhängigkeit der Variable
4. Identifikation und Beschreibung der Korrelationen der zukünftigen Outcomes

Im vorliegenden Fall handelt es sich beim Bewertungsmodell um ein DCF-Modell, wie von Muldavin (2010) sowie von Lorenz und Lützkendorf (2011) vorgeschlagen. Da es verwendet wird, um den relativen Beitrag der ESI-Subindikatoren zum Risiko zu erfassen, verwenden wir eine leicht reduzierte DCF-Struktur für die Ermittlung des Immobilienwertes. Es wird z.B. die erwartete Leerstandsrate ausgeklammert:

$$P_t = \sum_{t=0}^{100} \frac{R_t - (O-M)_t - M_t\, Capex_t}{(1+p)^t}$$

Wobei die in der Formel vorkommenden Terme stehen für:
- P   Preis der Immobilie
- R   Bruttomietertrag
- (O–M)   Betriebskosten
- M   Unterhaltskosten
- Capex   wertvermehrende Investitionen
- p   Diskontsatz
- t   Index für die Zeit

Für dieses Modell beschreiben wir alle möglichen Zukunftszustände für die Referenzliegenschaft. Bei den Ausgangswerten (also den Werten für den Zeitpunkt t = 0 (t_0) handelt es sich um Durchschnittswerte für Schweizer Mehrfamilienhäuser aus der Datenbank der (Schweizer) Real Estate Investment Data Association (REIDA), welche v.a. aus Anlagen institutioneller Investoren besteht. Bei den zukünftigen Entwicklungen werden zwei Gruppen unterschieden:

a) Zukünftige Entwicklungen, welche auf der Basis von historischen Prozessen modelliert werden können, wie z.B. Mieterträge oder die Entwicklung von Baukosten. Bei diesen Zeitreihen wird serielle Korrelation unterstellt.

b) Zukünftige Entwicklungen, welche nicht auf der Basis von historischen Prozessen modelliert werden können: Diese werden durch die ESI-Subindikatoren erfasst, welche so ausgewählt sind, dass sie nicht miteinander korrelieren. Zusätzlich wird für jeden ESI-Subindikator angenommen, dass er in der Periode zwischen dem Jahr 10 und dem Jahr 40 des DCF-Modells auftritt. Dabei wird eine Gleichverteilung angenommen.

Die folgende Abbildung widerspiegelt die Auswirkung von zwei ESI-Subindikatoren auf die Cashflows in einer Simulation:

Sowohl die Erträge als auch die Betriebs-, Instandhaltungs- und Instandsetzungskosten folgen historischen zyklischen Mustern. Dagegen werden die ESI-Risiken für die Jahre 10 bis 40 in Abhängigkeit ihrer geschätzten Eintretenswahrscheinlichkeit modelliert. Abbildung 12 illustriert, wie um die Periode 15 ein hoher Heizwärmebedarf einen negativen Einfluss auf die Nachfrage und damit auf die Cashflows hat. Allerdings kann die negative Auswirkung durch eine Sanie-

3.5 Gewichtung

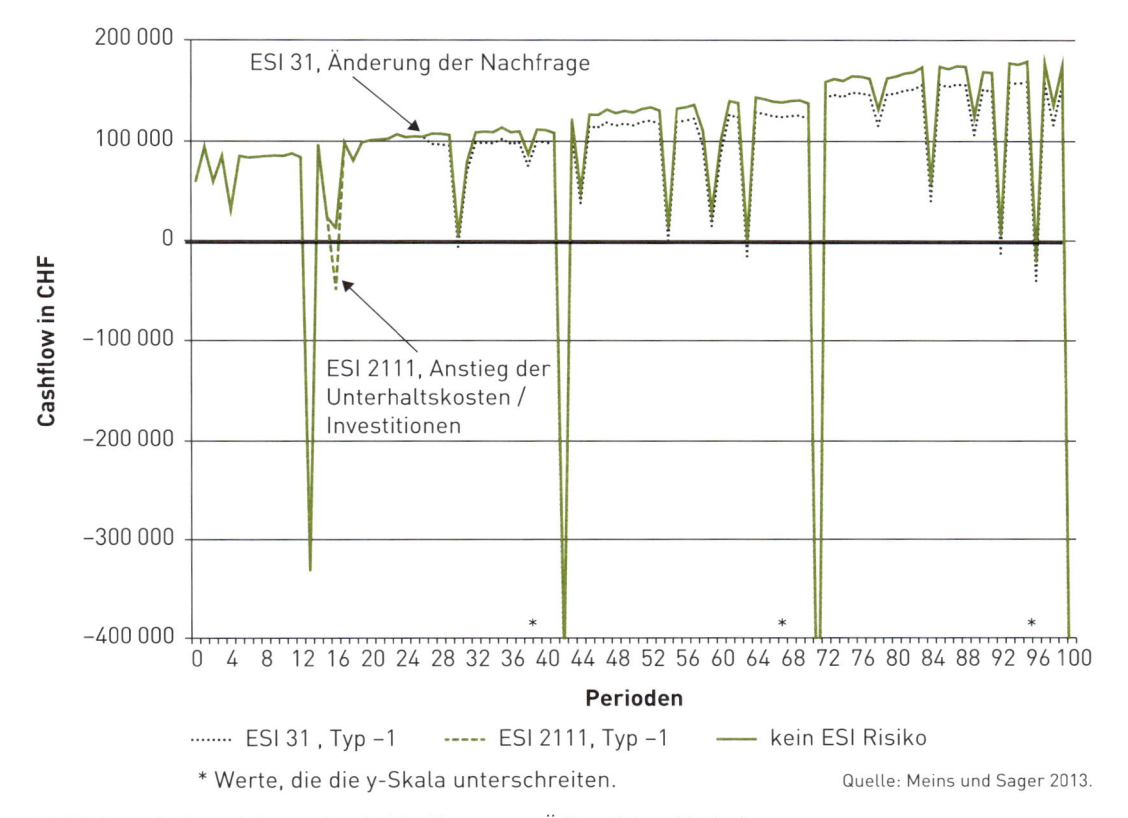

Abbildung 9: Auswirkung der Subindikatoren «Öffentlicher Verkehr» und «Heizwärmebedarf» für den ESI Typ −1 auf die Cashflows aus einem Simulationsdurchlauf.

rung behoben werden und die Verringerung des Cashflows erfolgt deshalb nur in einer Periode. Ab Periode 27 hat das Risiko eines schlechten Anschlusses an den öffentlichen Verkehr eine negative Auswirkung auf die Nachfrage und damit auf die Cashflows. Dieses Risiko kann nicht durch eine Sanierung behoben werden und die Reduktion der Mieterträge setzt sich für die restliche Simulationsperiode fort.

Die unterschiedlichen Cashflow-Verläufe werden durch die Verwendung eines risikolosen Zinssatzes auf ihren Barwert abdiskontiert. Bei der Anwendung von Monte-Carlo-Methoden für Bewertungen werden meist Diskontsätze verwendet, welche Risikoprämien enthalten. Unseres Erachtens ist dieses Vorgehen zulässig, wenn Monte-Carlo-Simulationen eingesetzt werden, um gewisse Bestandteile der Unsicherheit zu untersuchen, welche nicht im Modell abgebildet werden. Ein

Beispiel wären nicht diversifizierbare Risiken in einem Modell, bei dem die Risikoprämie im Diskontsatz nur diversifizierbare Risiken abdeckt.

Im vorliegenden Fall modellieren wir alle möglichen zukünftigen Verläufe der Cashflows, die je eine Realisation einer zugrunde liegenden Eintretenswahrscheinlichkeit darstellen. Damit unterscheidet sich das Vorgehen von der Berechnung eines DCF-Modells, welches auf erwarteten Cashflows basiert. Die Realisation der Verläufe ist in diesem Fall sicher und es scheint deshalb korrekt zu sein, einen risikolosen Diskontsatz zu verwenden. Die Quantifizierung des Risikos entspricht dann der Volatilität aller möglichen Bewertungen (basierend auf allen möglichen Realisierungen der zukünftigen Outcomes und deren Häufigkeit). Diese Vorgehensweise entspricht auch dem Vorgehen von Hughes (1995) und weist im Grundsatz Ähnlichkeiten mit dem Present Value Distribution Model (PVD) auf.

Abbildung 10 zeigt die simulierte Verteilung der geschätzten Immobilienwerte für den ESI-Subindikator 2.1.1.1. mit der Ausprägung Typ –1 im Vergleich zu einer Simulation ohne ESI-Risiken (die lediglich auf der Basis von historischen Prozessen modelliert ist). Das Ausmass

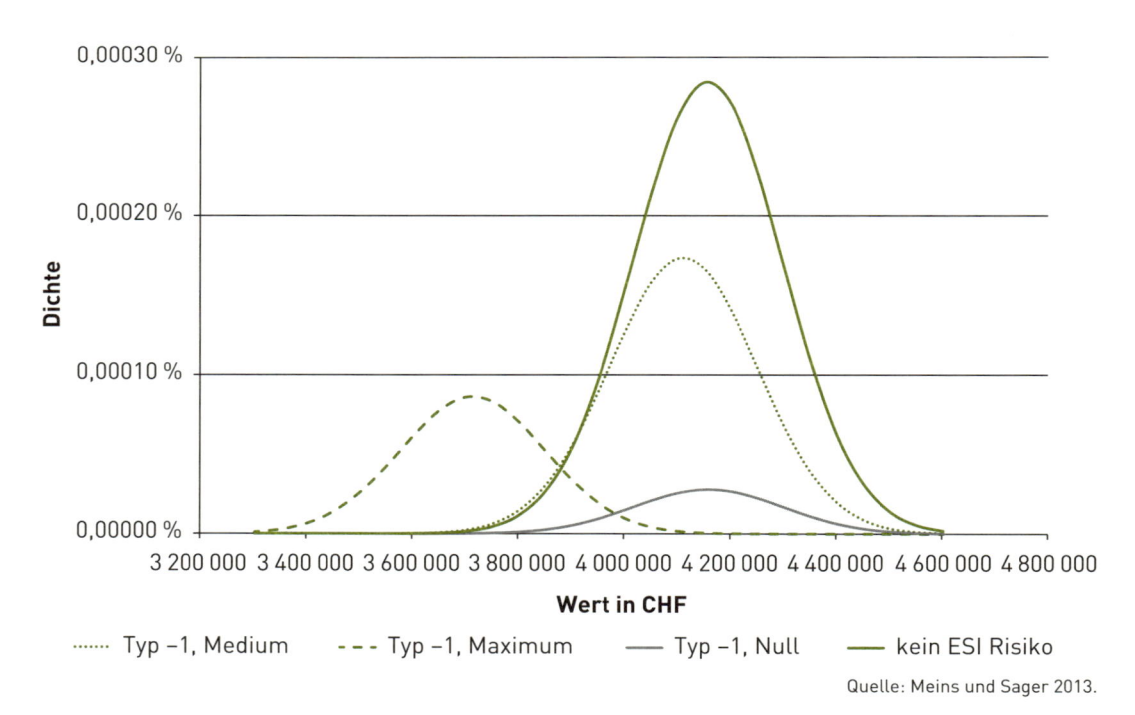

Quelle: Meins und Sager 2013.

Abbildung 10: Verteilung der geschätzten Immobilienwerte – mit und ohne Subindikator «Heizwärmebedarf» für die Ausprägung –1.

der Auswirkungen (der «Schaden») für die verschiedenen Zukunftszustände führt dazu, dass die Verteilung nach links verschoben wird. Am stärksten erfolgt diese Verschiebung für den Zukunftszustand mit dem grössten Schaden (Maximalszenario). Für den Null-Zukunftszustand ist die Spannweite identisch mit der Simulation ohne ESI-Risiken (weil in diesem Fall keine Nachfrageveränderungen auftreten). Da dieser Zustand jedoch nur 10 Prozent der Zukunftszustände abdeckt, fällt die Verteilung viel flacher aus als die Verteilung ohne ESI-Risiken.

Herleitung des korrekten Diskontsatzes
Der durch die Simulationen ermittelte durchschnittliche Barwert entspricht nicht einer tatsächlichen Bewertung, da dieser Wert nicht berücksichtigt, dass die Investition mit Risiko behaftet ist. Ein Preis muss für das mithilfe der Monte-Carlo-Simulationen ermittelte Risiko hergeleitet werden. Dazu verwenden wir die Sharpe Ratio (also das Rendite-Risiko-Verhältnis) für Schweizer Immobilienfonds. Der so hergeleitete Diskontsatz kann für die durchschnittlich geschätzten Cashflows angewandt werden, um den DCF-Wert zu schätzen.

Herleitung der Gewichte für die Nachhaltigkeitsmerkmale
Die Gewichte für die ESI-Nachhaltigkeitsmerkmale werden mit der folgenden Formel hergeleitet:

$$W_{ESI\,x} = \frac{DR_{ESI\,x} - DR_{no\,ESI}}{\sum_{y=1}^{N} DR_{ESI\,x} - DR_{no\,ESI}}$$

wobei

$W_{ESI\,x}$ Gewicht des ESI-Subindikators x

$DR_{ESI\,x}$ Diskontsatz, errechnet auf der Grundlage der Simulation mit ESI-Subindikator x

$DR_{no\,ESI}$ Diskontsatz, errechnet auf der Grundlage ohne ESI-Subindikatoren

N Anzahl ESI-Subindikatoren

Das Gewicht pro Subindikator wird bestimmt durch dessen relativen Beitrag zum Diskontsatz.

3.6 Synthese

3.6.1 Resultate

Im Ergebnis liegt der ESI-Indikator für Mehrfamilienhäuser, Büroliegenschaften und Verkaufsliegenschaften mit 43, 40 bzw. 32 Subindikatoren vor. Im Ergebnis zeigt die Herleitung der Gewichtung, dass Immobilien in der Schweiz das tiefste relative Risiko eines Wertverlusts haben, wenn sie
- einen tiefen Heizwärmebedarf,
- einen guten Anschluss an den öffentlichen Verkehr,
- ausreichend Tageslicht sowie
- eine grosszügige Geschosshöhe aufweisen.

Diese Subindikatoren haben den mit Abstand grössten Einfluss (29,3 %, 16,3 %, 9,6 % und 6,3 % – siehe Tabelle 6). Zusammen decken sie beinahe zwei Drittel des gesamten ermittelten Risikos ab. Auf der anderen Seite hat die Verwendung von erneuerbaren Energien einen geringeren Einfluss auf das relative Risiko eines Wertverlusts (Heizwärme 0,17 % und Strom 0,22 %). Die Verwendung von erneuerbarer Energie trägt zwar zu einem tieferen Risiko eines Wertverlusts bei, das Ausmass ist in der aktuellen Situation allerdings vernachlässigbar. Dies kann auf die Tatsache zurückgeführt werden, dass die Verwendung von erneuerbaren Energien in der Regel auch nachträglich noch angepasst werden kann, z. B. durch die Installation einer Wärmepumpe oder von Solarpanels. Merkmale, welche hingegen lageabhängig sind, wie der Anschluss an den öffentlichen Verkehr oder strukturelle Merkmale, wie die Geschosshöhe, können nicht oder nur schwer verändert werden. Diese Merkmale stellen ein entsprechend höheres Risiko dar.

Auf der Ebene der fünf Gruppen von Nachhaltigkeitsmerkmalen zeigt sich, dass «Ressourcenverbrauch und Treibhausgase» das grösste relative Gewicht aufweist (32,1 %), gefolgt von «Gesundheit und Komfort» (30,6 %), «Erreichbarkeit und Mobilität» (22,5 %), «Flexibilität und Polyvalenz» (13,5 %) sowie «Sicherheit» (1,3 %). Auswertungen zeigen, dass die Resultate ziemlich robust sind: Die Abweichung liegt bei 20 000 Simulationen innerhalb von 10 Prozent für ein Gewicht mit einem Wert von 1 Prozent (das Gewicht könnte also auch 1,1 % oder 0,9 % betragen).

Der ESI-Indikator kann mithilfe der Webapplikation ESIweb ermittelt werden. Die Anwendung im Falle eines Mehrfamilienhauses, das zu Renditezwecken gehalten wird, zeigt das nachfolgende Beispiel 1.

Tabelle 6: Resultat der Gewichtung.

N.-merkmale	Subindikatoren			Gewichte	
rowspan	**1.1**	**Nutzungsflexibilität**		**6,6 %**	
	1.1.1	Raumeinteilung	0,35 %		
	1.1.2	Geschosshöhe	6,26 %		
	1.1.3	Zugänglichkeit Kabel/Leitungen/Haustechnik	0,02 %		
	1.1.4	Reservekapazität Kabel/Leitungen/Haustechnik	0,02 %		
1. Flexibilität und Polyvalenz	**1.2**	**Nutzerflexibilität**		**6,9 %**	**13,5 %**
	1.2.1	Vorhandensein (rollstuhlgängiger) Lift für alle Stockwerke, sofern mehrgeschossig	0,87 %		
	1.2.2	Überwindbare Höhendifferenzen innen und aussen	0,01 %		
	1.2.3	Genügend breite Türen	1,11 %		
	1.2.4	Genügend breite Korridore	1,09 %		
	1.2.5	Sanitärräume rollstuhlgängig	0,00 %		
	1.2.6	Flexibilität Grundriss Küche	0,04 %		
	1.2.7	Abstellplatz für Gehhilfe/Kinderwagen	0,87 %		
	1.2.8	Nutzbarkeit Aussenraum	2,89 %		
2. Ressourcenverbrauch und Treibhausgase	**2.1**	**Energie und Treibhausgase**		**31,6 %**	**32,1 %**
	2.1.1	Energiebedarf			
	2.1.1.1	Heizwärmebedarf in MJ/m²a	29,26 %		
	2.1.1.2	Kühlbedarf	1,97 %		
	2.1.2	Nutzung erneuerbarer Energie			
	2.1.2.1	Zur Deckung des Wärmebedarfs	0,17 %		
	2.1.2.2	Zur Deckung des Strombedarfs	0,22 %		
	2.2	**Wasser**		**0,2 %**	
	2.2.1	Wasserverbrauch	0,01 %		
	2.2.2	Niederschlagsentwässerung	0,08 %		
	2.2.3	Regenwassernutzung	0,08 %		
	2.3	**Baumaterialien**		**0,3 %**	
	2.3.1	Rezyklierbarkeit Baumaterialien	0,28 %		

N.-merkmale	Subindikatoren			Gewichte	
3. Standort und Mobilität	3.1	**Öffentlicher Verkehr**		**16,3 %**	
	3.1.1	Öffentlicher Verkehr	16,32 %		
	3.2	**Nicht motorisierter Verkehr**		**1,1 %**	
	3.2.1	Veloabstellplätze	1,11 %		**22,5 %**
	3.3	**Standort**		**5,0 %**	
	3.3.1	Distanz lokales/regionales Zentrum	1,27 %		
	3.3.2	Distanz Einkaufsmöglichkeiten des täglichen Bedarfs	1,21 %		
	3.3.3	Distanz Naherholung / Grünanlagen	1,18 %		
	3.3.4	Prestigelage / 1A-Lage	1,38 %		
4. Sicherheit	4.1	**Lage hinsichtlich Naturgefahren**		**1,0 %**	
	4.1.1	Lage hinsichtlich Naturgefahren (zunehmende Hochwasser-, Lawinen- und Erdrutschgefährdung)	1,01 %		
	4.2	**Bauliche Sicherheitsvorkehrungen**		**0,3 %**	**1,3 %**
	4.2.1	Objektbezogene Sicherheitsvorkehrungen			
	4.2.1.1	Objektbezogene Sicherheitsvorkehrungen bez. Hochwasser	0,10 %		
	4.2.1.2	Objektbezogene Sicherheitsvorkehrungen bez. Erdbeben	0,09 %		
	4.2.2	Personenbezogene Sicherheitsvorkehrungen			
	4.2.2.1	Beleuchtung / Belichtung	0,05 %		
	4.2.2.2	Brandschutz	0,10 %		
5. Gesundheit und Komfort	5.1	**Gesundheit und Komfort**			
	5.1.1	Raumluftqualität	1,21 %	**1,2 %**	
	5.1.2	Lärmbelastung		**3,4 %**	
	5.1.2.1	Aussenlärm	2,33 %		**14,2 %**
	5.1.2.2	Innenlärm: Luftschall	0,43 %		
	5.1.2.3	Innenlärm: Trittschall	0,33 %		
	5.1.2.4	Innenlärm: Geräusche haustechnischer Anlagen und fester Einrichtungen im Gebäude	0,35 %		
	5.1.3	Tageslichtanteile	9,62 %	**9,6 %**	

N.-merk-male	Subindikatoren		Gewichte		
5. Gesundheit und Komfort	5.1.4 Belastung durch Strahlung		9,6%		
	5.1.4.1 Elektromagnetische Felder (nicht ionisierend): Mobilfunk	1,64%			
	5.1.4.2 Elektromagnetische Felder (nicht ionisierend): Stromversorgungsnetz	4,92%			
	5.1.4.3 Radon (ionisierend)	3,03%		16,3%	
	5.1.5 Baumaterialien		3,3%		
	5.1.5.1 Ökologische Baumaterialien bei Neubauten	1,66%			
	5.1.5.2 Gesundheitsschädigende Materialien bei Altbauten	1,66%			
	5.1.6 Altlasten	3,41%	3,4%		
		100,0%	100,0%	100,0%	

Quelle: Meins et al. 2012.

Beispiel 1: Erfassung der Nachhaltigkeit mit dem ESI-Indikator.

QualiCasa AG:

QualiCasa AG unterstützt und berät Immobilieninvestoren im Bereich des Real Estate Controllings und bietet Instrumente zur Optimierung der Qualität am Bau, des Liegenschaftscontrollings sowie des Risikomanagements an. Als neutrale, auf Eigentümer ausgerichtete Unternehmung verfügt QualiCasa über praktische Erfahrungen in der Qualitätssicherung und in der Lebenszyklusanalyse pro Bauteil.
QualiCasa bietet praxisorientierte Nachhaltigkeitsworkshops an, mit dem Ziel, aus Eigentümer- und Nutzersicht die wichtigsten Nachhaltigkeitsdefizite zu erkennen und zu verbessern.

Entscheidungssituation:
Sanierungsentscheid für ein MFH in Lugano

Das Gebäude liegt an zentraler Lage in der Nähe des Sees. Es wurde 1975 erbaut und weist 46 Wohnungen, 8 Büroräume und 2 Praxen auf. Die Bausubstanz entspricht der typischen Bauweise der 1970er-Jahre. Punktuell wurden einige Bauelemente erneuert.
Grundlagen für Sanierungsentscheid zuhanden des Portfoliomanagements eines institutionellen Investors.

Entscheidungsgrundlage:
ESI-Report sowie Potenzialanalyse
Bei der Potenzialanalyse wird ein ESI-Rating unter der Annahme einer maximal möglichen Sanierung durchgeführt.

Economic Sustainability Indicator (ESI)   –0,09

ESI-Teilindikatoren:
    1. Flexibilität und Polyvalenz   0,16
    2. Ressourcenverbrauch und Treibhausgase   –0,87
    3. Standort und Mobilität   0,82
    4. Sicherheit   0,38
    5. Gesundheit und Komfort   –0,07

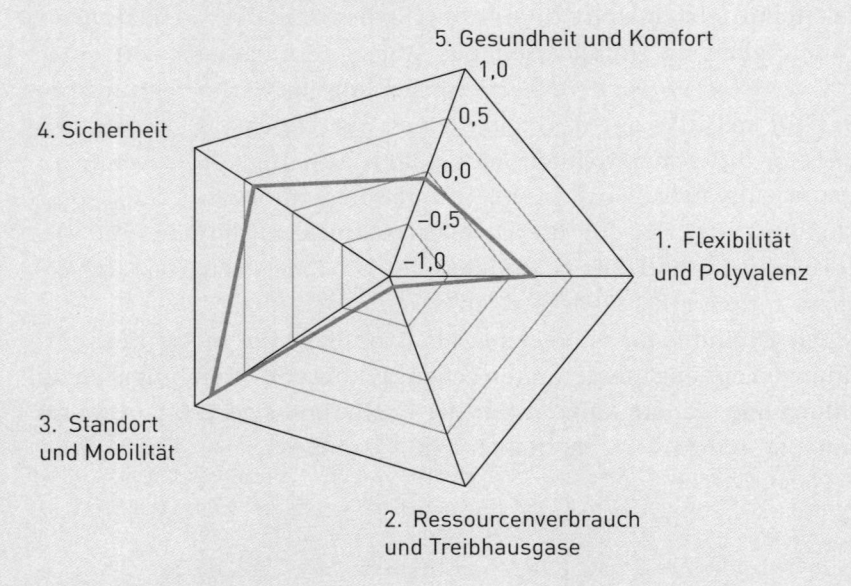

ESI-Potenzialanalyse   +0,41

Beurteilung:
Das ESI-Rating von –0,09 ist knapp unterdurchschnittlich. Der negative Gesamtwert impliziert ein Risiko eines Wertverlusts. Das Spinnendiagramm zeigt auf einen Blick, dass v.a. bei den Themen «Ressourcenverbrauch und Treibhausgase» sowie «Gesundheit und Komfort» Handlungsbedarf besteht. Die Potenzialanalyse zeigt zudem, dass ein ESI-Rating von +0,41 möglich wäre. Damit wird klar, dass mit einer Sanierung das Risiko bedeutend verringert werden kann.
Dem Eigentümer wird eine Sanierung empfohlen, und es werden geeignete bauliche Massnahmen vorgeschlagen, welche das Risiko ver-

> ringern (u.a. Wärmedämmung des Daches und der Nordfassade, Einbau von Sonnenkollektoren für Warmwasser, Installation einer Grundwasserwärmepumpe und Erstellung von Veloabstellplätzen).
>
> **Einbezogene Grundlagen:**
> ESIweb.

3.6.2 Möglichkeiten und Grenzen

Der Economic Sustainability Indicator (ESI) beurteilt die Nachhaltigkeit von Immobilien im Hinblick auf das Wertänderungsrisiko auf einer Skala von –1 bis +1. Positive Werte weisen auf ein Wertsteigerungspotenzial hin, negative auf das Risiko eines Wertverlusts. Der Indikator erlaubt eine differenzierte Beurteilung der Nachhaltigkeit – sowohl von Neubauten als auch von Bestandesimmobilien für Wohn-, Büro- und Verkaufsnutzung. Der für die Datenerfassung erforderliche Zeitaufwand von einer Stunde bis zu drei Stunden pro Liegenschaft ist im Vergleich zu anderen Nachhaltigkeitsansätzen relativ klein.

Der ESI-Indikator ist geeignet als Grundlage bei Investitionsentscheidungen entlang des gesamten Lebenszyklus von Immobilien (siehe Abbildung 11). Zudem kann er für die routinemässige Erfassung und Dokumentation der Nachhaltigkeit bei Immobilienbewertungen und

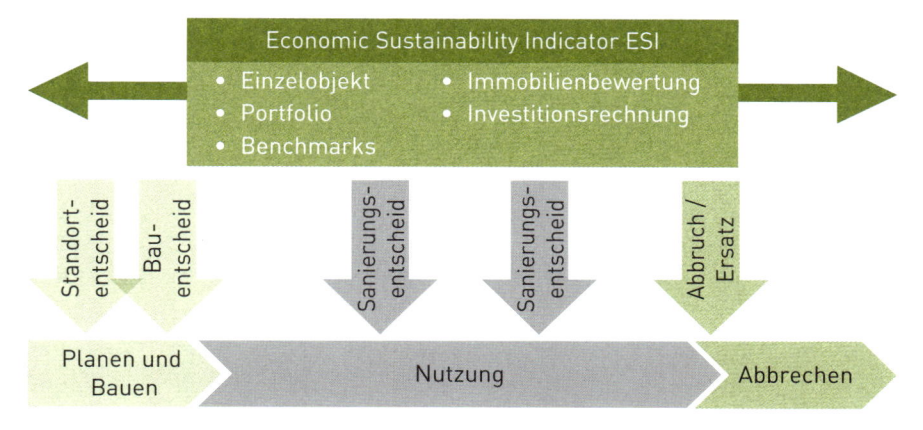

Quelle: eigene Darstellung.

Abbildung 11: ESI-Indikator als Grundlage für Investitionsentscheidungen entlang des Lebenszyklus.

damit für einzelne Neubau-, Sanierungs- und Transaktionsentscheide verwendet werden. Er ist aber ebenso geeignet für die Entwicklung einer Strategie und für das Management von Immobilienportfolios.

Die Gültigkeit der vorliegenden Resultate hat auch Grenzen. Die Gewichtung wurde für eine Referenzliegenschaft – für ein Mehrfamilienhaus – hergeleitet. Die Gewichte sind also nur beschränkt für Büro- und Verkaufsliegenschaften gültig. Hier besteht noch Entwicklungsbedarf. Zudem hängt die Qualität der Resultate, wie bei jedem Modell, wesentlich von den verwendeten Inputparametern ab. In diesem Fall sind die Schätzungen des Expertenpanels der heikelste Punkt der Methode. Nach besten Möglichkeiten wurde versucht, möglichst viel Objektivität in die Schätzungen hineinzubringen. Trotzdem bleiben die Schätzungen mit Unsicherheit behaftet. Und nicht zuletzt bezieht sich die Gültigkeit der Resultate auf den Zeitpunkt der Herleitung im Jahr 2011. Der Immobilienmarkt ist ein dynamischer Markt, Rahmenbedingungen und Einflussfaktoren sind im Fluss – eine periodische Überprüfung ist deshalb angezeigt.

Mit der Verknüpfung eines Nachhaltigkeitsratings mit risikobasierten finanzwissenschaftlichen Bewertungsmodellen betreten wir Neuland. Damit ist es erstmals möglich, eine Beurteilung der Nachhaltigkeit aus Investitionssicht vorzunehmen. Wie die Anwendung in der Praxis erfolgt, zeigt das nächste Kapitel.

4 Die Anwendung in der immobilienwirtschaftlichen Praxis

In den vorangehenden Kapiteln haben wir gezeigt, dass entlang des Lebenszyklus einer Immobilie viele Entscheidungssituationen entstehen und dass jede dieser Entscheidungen im Kern eine Investitionsentscheidung ist, die Rendite (oder Nutzen) und Risiken berücksichtigen muss. Wir haben auch dargelegt, dass der systematische Einbezug von Nachhaltigkeitskriterien es insbesondere ermöglicht, langfristige Risiken besser zu beurteilen. Im Folgenden zeigen wir nun, wie dies in konkreten Anwendungen in der immobilienwirtschaftlichen Praxis erfolgen kann: bei Entscheidungen im Zusammenhang mit Einzelobjekten und bei Entscheidungen im Zusammenhang mit dem Management von Immobilienportfolios. Entscheidungen bei Einzelobjekten orientieren sich grundsätzlich an der langfristigen Wirtschaftlichkeit (Rendite oder Nutzen), welche im Wesentlichen von Standort- und Objekteigenschaften (beispielsweise Nutzung, Grundrisse, Ausbaustandard, Materialien, energetische Eigenschaften und Energieträger) abhängt. Entscheidungen bei Immobilienportfolios basieren auf Einzelobjektbeurteilungen, berücksichtigen darüber hinaus aber Überlegungen zur Diversifikation sowie – aufgrund der grösseren Zahl – Überlegungen zu Synergien und zeitlicher Staffelung.

4.1 Immobilienbewertung

Dass der Wert von Immobilien im Wesentlichen durch Standortmerkmale (Lage) und Gebäudemerkmale sowie durch das Marktumfeld bestimmt wird, ist allgemein bekannt. Unbestritten ist mittlerweile auch, dass Nachhaltigkeitsmerkmale einen Einfluss auf den Immobilienwert haben können. Veränderungen der umwelt- und ressourcenbezogenen sowie der gesellschaftlichen Rahmenbedingungen führen allerdings dazu, dass bei der Bewertung neuere Entwicklungen berücksichtigt werden müssen. Solche Entwicklungen sind beispielsweise der demografische Wandel, die Migration, steigende Energiepreise oder der Klimawandel.

Immobilienbewertungen werden täglich in grosser Anzahl vorgenommen. Sie werden für Transaktionsentscheidungen (Käufe und Verkäufe), für Finanzierungen (als Grundlage für Hypothekardarlehen), als Teil der Rechnungslegung bei Unternehmen oder als Entscheidungsgrundlagen für Planungen und Projekte gebraucht. In der Schweiz gibt es keine gesetzlichen Grundlagen, welche die Bewertung von Immobilien regeln. Mit den Swiss Valuation Standards (SVS) existiert allerdings ein Standard der Branchenverbände.

4.1.1 Einbezug von Nachhaltigkeit in die Bewertung

Seit 2012 wird in den Swiss Valuation Standards (SVS) explizit verlangt, bei der Bewertung Nachhaltigkeit in Zusammenhang mit dem Immobilienwert zu dokumentieren und zu beurteilen.[26] Für die Konkretisierung wird auf den trinationalen NUWEL-Leitfaden (Meins et al. 2011) verwiesen.[27] An dessen Erarbeitung waren u.a. die Schweizer Bewerterverbände RICS, SEK/SVIT und SIV beteiligt. Der Leitfaden schlägt für die Dokumentation der Nachhaltigkeitsaspekte bei der Immobilienbewertung ein pragmatisches Vorgehen vor, das die Verantwortung für die Quantifizierung des Einflusses auf den Immobilienwert bei den Bewerterinnen und Bewertern lässt und ihnen dabei ein dreistufiges Vorgehen empfiehlt:

1. Bewertende sollen anhand der im Anhang des NUWEL-Berichts enthaltenen Checkliste (Anhang 2) prüfen, welche Nachhaltigkeitsmerkmale bei der konkreten Immobilie von Belang sind. Für die relevanten Merkmale schätzen sie den Einfluss auf den Wert.
2. Im Gutachten sollen sie ihre Auswahl (als relevant in die Bewertung einbezogene Merkmale und als nicht relevant erachtete und infolgedessen ohne Einfluss auf den Wert bleibende Merkmale) und den Gesamteinfluss auf den Immobilienwert dokumentieren.
3. Werden ausführlichere Entscheidungsgrundlagen gewünscht, so können folgende Zusatzkomponenten im Wertgutachten einbezogen werden:
   - Mit einer Risikodokumentation können nachhaltigkeitsbezogene Risiken und Chancen des Bewertungsobjekts aufgezeigt und das Wertänderungsrisiko geschätzt werden. Dadurch kann das Verständnis des Bewertungsergebnisses verbessert werden.

---

[26] RICS Switzerland 2012: Abschnitt 6.5.2, Anforderungen an den Bewertungsbericht, S. 46.

[27] Der NUWEL ist erhältlich unter www.nuwel.de / www.nuwel.at / www.nuwel.ch

– Mit einer Sensitivitätsanalyse kann aufgezeigt werden, wie sich verschiedene (unsichere) Veränderungen von Rahmenbedingungen auf den Immobilienwert auswirken. Dadurch kann die Sicherheit von Entscheidungen verbessert werden.

Beispiel 2: Systematischer Einbezug von Nachhaltigkeit bei der Bewertung.

Zürcher Kantonalbank:

Die Abteilung «Immobilien-Bewertung» erarbeitet jährlich über 3000 Bewertungen von Immobilien jeder Art für Kunden und für bankinterne Zwecke: Institutionelle Immobilieninvestoren haben erhöhte Nachhaltigkeitsansprüche an ihr Portfolio bzw. dessen Entwicklung. Sie sind sich bewusst, dass detaillierte Nachhaltigkeitsabklärungen und -darstellungen durch Spezialisten erarbeitet werden müssen und dass diese Abklärungen Kostenfolgen haben.
Private Immobilieneigentümer haben teilweise auch das Bedürfnis, im Rahmen von Immobilienbewertungen Auskunft über die Nachhaltigkeitsausprägung ihrer Immobilie zu erhalten. Sie möchten diese Informationen jedoch möglichst ohne Zusatzkosten erhalten.

Entscheidungssituation:
Immobilienbewertung

Immobilienbewertung und Ausweis der Nachhaltigkeitsausprägung als Grundlage für Investitionsentscheidungen des Eigentümers oder Portfoliomanagers.

1. Ergänzung des klassischen Bewertungsberichts (unten)

Die Immobilien-Bewertungsberichte für Kunden (vorwiegend Privateigentümerschaften) werden seit Ende 2013 um die Themenrubrik «Nachhaltigkeit» ergänzt. Diese beschreibt (angelehnt an den NUWEL-Bericht) in aggregierter, kurzer Form die Nachhaltigkeitsausprägung. Mit dieser Ergänzung wird mit zeitgemäss konzipierten Bewertungsberichten systematisch zur Auswirkung der «Nachhaltigkeitsprägung» auf den Immobilienwert Stellung genommen und damit den Kunden (ohne Kostenfolge) ein Mehrwert geboten.

2. ESI-Liegenschaftenreport (gemäss Beispiel 1 in Kapitel 3)

Bei Interesse von Kunden (vorwiegend professionelle Anleger) werden seit Ende 2013 ESI-Liegenschaftsreports mittels der ESIweb-Applikation erarbeitet. Diese zeigen granular und in grafischer Darstellung die detaillierte Nachhaltigkeitsausprägung der Immobilie.

Entscheidungsgrundlage:
Themenrubrik Nachhaltigkeit aus dem Bewertungsbericht eines neu erstellten MFH

Die Nachhaltigkeitsausprägung der bewerteten Immobilie wird durch die Gesamtheit aller nachhaltigkeitsrelevanten Eigenschaften bestimmt. Bei der Festlegung des Wertes der Immobilie werden diese entsprechend systematisch berücksichtigt. Die nachhaltigkeitsrelevanten Eigenschaften entsprechen dabei dem wegweisenden Leitfaden «Nachhaltigkeit und Wertermittlung von Immobilien» für Deutschland, Österreich und die Schweiz (NUWEL). Die Würdigung der Nachhaltigkeitsausprägung der Immobilie ist in der folgenden Tabelle aggregiert dargestellt:

		\	\	\	\	\
		schlecht	mässig	durchschn.	gut	sehr gut
Lage	Anschluss öffentl. Verkehrsmittel und / oder relevante Einrichtungen, Immissionen, Naturgefahren / Umweltrisiken				■	
Grundstück	Bodenbelastungen, Wasserversickerungsmöglichkeit, Eignung zur Nutzung erneuerbarer Energien, elektromagnetische Felder, Radonbelastung, Nachhaltigkeit der Freiflächengestaltung				■	
Gebäude	Dauerhaftigkeit / Langlebigkeit, Unterhaltsfreundlichkeit, Flexibilität / Flächeneffizienz, städtebauliche Qualität, energetische Effizienz, bauphysikalische Eigenschaften, Umweltverträglichkeit der Bauprodukte					■
Prozesse	Bei Projekten: Qualität der Planung und der Bauausführung Bei bestehenden Objekten: Qualität der Bewirtschaftung					■
Fazit Nachhaltigkeit	Die bevorzugte städtische Lage sowie der zeitgemässe standortkonforme Neubau führt zu einer guten Nachhaltigkeitsausprägung				■	

> **Beurteilung:**
> Für die Zürcher Kantonalbank ziehen wir das Fazit, dass wir bei Bewertungen heute die Nachhaltigkeit grob abbilden und daher die Bewertungsberichte für Kunden – auch ohne weitergehende Empfehlungen – zeitgemässer sind als bis anhin und eine umfassendere Entscheidungsgrundlage bieten.
>
> **Einbezogene Grundlagen:**
> Schätzungsbericht Zürcher Kantonalbank, NUWEL und ESIweb.

Vorgeschlagen wird im NUWEL-Leitfaden ein integrativer Ansatz, mit welchem wertrelevante Nachhaltigkeitsmerkmale als Teil einer Gesamtbeurteilung einbezogen werden.[28] Bis dieser in der Praxis selbstverständlich geworden ist, können als Übergangslösung die Überlegungen zu den Nachhaltigkeitsmerkmalen separat dokumentiert werden.

4.1.2 Systematische Erfassung und Dokumentation von Nachhaltigkeit

Zur Frage, wie Nachhaltigkeit konkret erfasst und gemessen werden kann, geben die Verbände im NUWEL-Leitfaden bewusst keine Empfehlung ab. Hier können verschiedene bestehende Nachhaltigkeitsansätze zum Einsatz kommen. Eine Möglichkeit, die wertrelevanten Nachhaltigkeitsmerkmale zu erfassen, stellt der Economic Sustainability Indicator (ESI) dar. Der ESI-Indikator erfasst das Risiko einer Immobilie, aufgrund zukünftiger Entwicklungen an Wert zu verlieren bzw. die Chance, an Wert zu gewinnen. Um Nachhaltigkeitsaspekte im Gutachten mit dem ESI-Indikator zu dokumentieren, bieten sich zwei Möglichkeiten an.

Eine Möglichkeit besteht darin, den ESI-Indikator als Ratingwert oder Spinnendiagramm dem Bewertungsbericht beizulegen (siehe auch die Herleitung des ESI-Indikators in Kapitel 3). Weiter ergibt sich die Möglichkeit, den ermittelten ESI-Indikator zur Beurteilung der wertrelevanten Nachhaltigkeitsmerkmale gemäss der NUWEL-Checkliste zu verwenden. Ein entsprechender ESI-NUWEL-Report kann auf Knopfdruck in ESIweb generiert werden. Die Anwendung des ESI-NUWEL-Reports bei einer DCF-Bewertung wird im Beispiel 3 gezeigt.

---

[28] Vgl. dazu Kapitel 2.3.1 im NUWEL-Leitfaden.

Beispiel 3: Systematische Erfassung der Nachhaltigkeit mit ESI und NUWEL.

PwC Schweiz:

PwC Schweiz erbringt Dienstleistungen in der Wirtschaftsprüfung, Steuer- und Rechtsberatung sowie Wirtschaftsberatung und ist Teil eines weltweiten Netzwerks von Mitgliedsfirmen. Bedingt durch globale Trends rückt dabei die Nachhaltigkeitsthematik immer mehr in den Fokus von Unternehmen. Um sich dieser Herausforderung zu stellen, berät PwC Unternehmen bei deren Festlegung und Umsetzung.

Das Real Estate Advisory Team von PwC Schweiz hat sich auf die drei Kernbereiche Beratung, Bewertung und Transaktionen von Immobilien spezialisiert. Das Thema «Nachhaltigkeit» rückt auch auf dem Immobilienmarkt immer stärker in den Fokus. Es entwickelt sich zusehends zu einem Standard, der beim Neubau bzw. der Modernisierung von bestehenden Objekten vorausgesetzt wird.

Entscheidungssituation:

Marktwertermittlung im Zuge einer Bilanzierungsbewertung

Die vorliegende Bewertung wurde im Zuge eines Jahresabschlusses durchgeführt. Der ermittelte Marktwert dient als Informationsgrundlage für die Bilanz des Auftraggebers.

Bei dem Objekt handelt es sich um eine Büroliegenschaft in Zürich mit Verkaufsflächen im Erdgeschoss. Das Gebäude wurde 1995 erstellt und bietet rund 19 600 m² vermietbare Fläche sowie 145 Einstellplätze in einer Tiefgarage.

Der ausgewiesene Marktwert der Liegenschaft beträgt 90 000 000 CHF.

Entscheidungsgrundlage:
ESI-Report und NUWEL-ESI-Report

1. ESI-Report

Economic Sustainability Indicator (ESI)   0,38

ESI-Teilindikatoren:

    1. Flexibilität und Polyvalenz   0,99
    2. Ressourcenverbrauch und Treibhausgase   −0,53
    3. Standort und Mobilität   0,88
    4. Sicherheit   0,76
    5. Gesundheit und Komfort   0,88

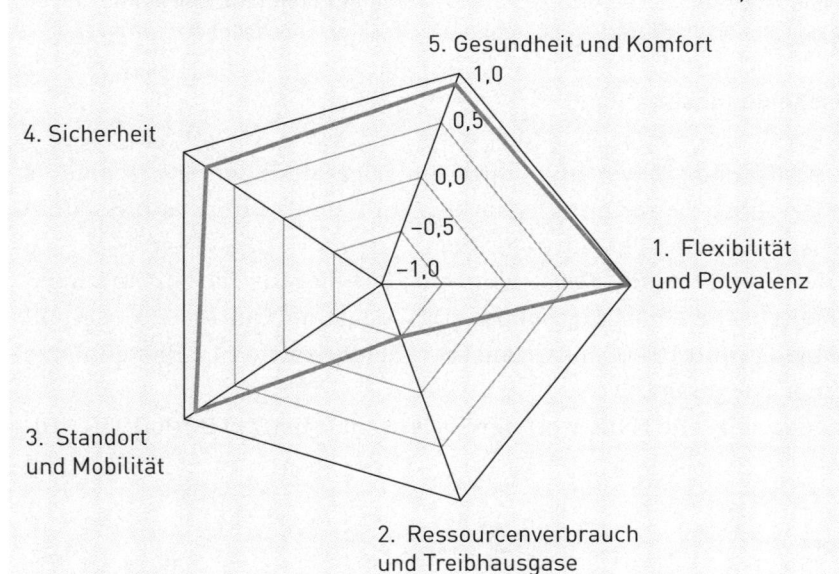

2. NUWEL-ESI-Report
Standort

Gruppe von Eigenschaften	Zuordnung ESI-Indikator	Relevanz für Wertermittlung (hoch, mittel, gering)	Informationen vorhanden (ja, nein)	Beschreibung Eigenschaften	Zuordnung Eigenschaft zu Parameter in Wertermittlung
Anschluss an ÖPNV	3.1.1 Öffentlicher Verkehr	hoch	ja	ÖV-Güteklasse A und B → 1	Abschlag auf Diskontsatz
Entfernung zu relevanten Einrichtungen	3.3.1 Distanz lokales / regionales Zentrum	hoch	ja	Büro Distanz ≤ 500 m = 1, 500 bis 800 m = 0, > 800 m = -1 → 1	Abschlag auf Diskontsatz
	3.3.2 Distanz Einkaufsmöglichkeiten für täglichen Bedarf	hoch	ja	Büro Distanz ≤ 500 m = 1, 500 bis 800 m = 0, > 800 m = -1 → 0	Abschlag auf Diskontsatz
	3.3.3 Distanz Naherholung / Grünanlagen	gering	ja	Büro Distanz Areal mit Naturbezug (Park, Grünanlage) ≤ 500 m (= etwa 6 Min.) = 1, > 500 m bis 800 m = 0, > 800 m = -1 → 1	
Immissionssituation Schadstoffe Lärm	5.1.2.1 Aussenlärm	hoch	ja	Büro Ruhige Lage → 1	Abschlag auf Diskontsatz
Lage bez. Naturgefahren und Umweltrisiken	4.1.1 Lage bez. Naturgefahren (zunehmende Hochwasser-, Lawinen- und Erdrutschgefährdung)	gering	ja	Ansonsten → 1	

Grundstück

Gruppe von Eigenschaften	Zuordnung ESI-Indikator	Relevanz für Wertermittlung (hoch, mittel, gering)	Informationen vorhanden (ja, nein)	Beschreibung Eigenschaften	Zuordnung Eigenschaft zu Parameter in Wertermittlung
Bodenbelastung (ggf. Verdacht) Schadstoffe	5.1.6 Altlasten	hoch	ja	Kein Verdacht auf Altlasten oder Altlasten nachweislich nicht vorhanden → 1	Bei dieser Liegenschaft keine Altlasten vorliegend. Sonst individuelle Einberechnung der Kosten.
Versiegelungsgrad, Eignung für die Versickerung von Regenwasser	2.2.2 Niederschlagsentwässerung	gering	ja	Verzögerte Wasserableitung = nein; Versickerungen = ja Retention über Speichervolumen, wie z. B. Zisternen = nein → 0	
Eignung für Nutzung erneuerbarer Energien		gering	nein		
Elektromagnetische Felder	5.1.4.1 Elektromagnetische Felder (nicht ionisierend): Mobilfunk	gering	ja		
	5.1.4.2 Elektromagnetische Felder (nicht ionisierend): Stromversorgungsnetz	gering	ja		

Gruppe von Eigenschaften	Zuordnung ESI-Indikator	Relevanz für Wertermittlung (hoch, mittel, gering)	Informationen vorhanden (ja, nein)	Beschreibung Eigenschaften	Zuordnung Eigenschaft zu Parameter in Wertermittlung
Radon	5.1.4.3 Radon (ionisierend)	gering	ja	Radonrisiko gering → 1	
Freiflächengestaltung	1.2.8 Nutzbarkeit Aussenraum	gering			
Gebäude					
Gruppe von Eigenschaften	Zuordnung ESI-Indikator	Relevanz für Wertermittlung (hoch, mittel, gering)	Informationen vorhanden (ja, nein)	Beschreibung Eigenschaften	Zuordnung Eigenschaft zu Parameter in Wertermittlung
Dauerhaftigkeit Langlebigkeit Widerstandsfähigkeit		gering	nein		
Reinigungs-, Wartungs- und Instandhaltungsfreundlichkeit		gering	nein		
Rückbau- und Recyclingfreundlichkeit	2.3.1 Rezyklierbarkeit Baumaterialien	gering	ja	Keine Abklärung durch Experten: keine Bewertung → n	
Flexibilität Anpassbarkeit Umbaubarkeit/ Umnutzbarkeit	Raumeinteilung	mittel	ja	Büro Freie Raumeinteilung mit kleinen baulichen Eingriffen möglich → 1	Zu-/Abschlag auf Marktmieten

			Büro
	Geschosshöhe	ja	Geschosshöhe (OK-OK) > 3,7 m = 1, 3,5 m bis 3,7 m = 0, 3,50 m = -1 → 1 Mittlerer Zugriff → 0
	Zugänglichkeit Kabel/ Leitungen/Haustechnik	gering	Schächte mit Reservekapazität für weitere Leitungen = ja
	1.1.4 Reservekapazität Kabel/Leitungen/ Haustechnik	gering	Genügend Platz im Technikraum für Systemwechsel = ja → 1
Funktionalität	1.2.1 (Rollstuhlgängiger) Lift für alle Stockwerke, sofern mehrgeschossig	gering	Rollstuhlgängiger Lift vorhanden → 1
	1.2.7 Abstellplatz für Gehhilfe/Kinderwagen	gering	ja
Flächeneffizienz		gering	nein
Zugänglichkeit Barrierefreiheit/ hindernisfreies Bauen	1.2.2 Überwindbare Höhendifferenzen innen und aussen	gering	Mit Rollstuhl oder Gehhilfe überwindbare Höhendifferenzen → 1
	1.2.3 Genügend breite Türen	gering	Türen breiter ≥ 80 cm → 1
	1.2.4 Genügend breite Korridore	gering	Breite der Korridore > 1,20 m = 1, Korridore = 1,20 m = 0

Gruppe von Eigenschaften	Zuordnung ESI-Indikator	Relevanz für Wertermittlung (hoch, mittel, gering)	Informationen vorhanden (ja, nein)	Beschreibung Eigenschaften	Zuordnung Eigenschaft zu Parameter in Wertermittlung
	1.2.5 Sanitärräume rollstuhlgängig	gering	ja	Korridore 1,20 m = -1, Anmerkung: unter Einhaltung der SIA 500 (2009) Hindernisfreies Bauten, 3.4 Korridore	
	1.2.6 Flexibilität Grundriss Küche	gering	ja	Wege und Bewegungsflächen → 1 Pro Geschoss ein rollstuhlgängiger Sanitärraum → 1	
Gestalterische / städtebauliche Qualität		gering	nein		
Energetische Eigenschaften, Wärmeschutz, Effizienz der Energieversorgung, Art des Energieträgers	2.1.1.1 Heizwärmebedarf in MJ/m²a	gering	ja	SIA-Grenzwert >100%, aber MuKEn 1992 → -0,5	
	2.1.1.2 Kühlbedarf	gering	ja	Bauliche Eingriffe nicht möglich oder dauernde (mechanische) Kühlung erforderlich → -1	
	2.1.2.1 Zur Deckung des Wärmebedarfs	gering	ja	100% der Wärmerzeugung mittels Biomasse, Biogas und Fernwärme aus KVA, ARA, Geothermie → 0	
	2.1.2.2 Zur Deckung des Strombedarfs	gering	ja	Keine eigene Stromerzeugung (inkl. erneuerbarer) → -1	

4.1 Immobilienbewertung

Bauphysikalische Eigenschaften	4.2.2.1 Beleuchtung/Belichtung	gering	ja	Angemessene Beleuchtung und Belichtung $\to$ 1
Thermischer Komfort	5.1.1 Raumluftqualität	gering	ja	Büro Komfortlüftung nachrüstbar $\to$ 0
Schallschutz Raumakustik Raumluftqualität Belichtung und Beleuchtung	5.1.2.2 Innenlärm: Luftschall	gering	ja	Büro Nach 1988 gebaut oder seit 1988 umfassend modernisiert und keine spezifischen baulichen Massnahmen $\to$ 0
	5.1.2.3 Innenlärm: Trittschall	gering	ja	Büro Nach 1988 gebaut oder seit 1988 umfassend modernisiert und keine spezifischen baulichen Massnahmen $\to$ 0
	5.1.2.4 Innenlärm: Geräusche haustechnischer Anlagen und fester Einrichtungen im Gebäude	gering	ja	Büro Nach 1988 gebaut oder seit 1988 umfassend modernisiert und keine spezifischen baulichen Massnahmen $\to$ 0
	5.1.3 Tageslichtanteile	gering	ja	Büro An einem normal sonnigen Tag für einen Drittel der Arbeitsplätze künstliche Beleuchtung nötig: ja $\to$ 1

Gruppe von Eigenschaften	Zuordnung ESI-Indikator	Relevanz für Wertermittlung (hoch, mittel, gering)	Informationen vorhanden (ja, nein)	Beschreibung Eigenschaften	Zuordnung Eigenschaft zu Parameter in Wertermittlung
Sonstige technische Eigenschaften Standsicherheit Brandschutz	4.2.1.1 Objektbezogene Sicherheitsvorkehrungen bez. Hochwasser	mittel	ja	Hochwassergefährdung: spezielle bauliche Schutzmassnahmen nötig? Nein → -1	Bei dieser Liegenschaft keine Massnahmen nötig. Im Falle von Massnahmen werden die Kosten als Kostenposition eingeplant.
	4.2.1.2 Objektbezogene Sicherheitsvorkehrungen bez. Erdbeben	mittel	ja	Zone 1 → 1	
	4.2.2.2 Brandschutz	mittel	ja	Gebäude mit Baujahr 1986 oder jünger: keine Bewertung → n	
Wasserversorgung und Entsorgung	2.2.1 Wasserverbrauch	gering	nein		
	2.2.3 Regenwassernutzung	gering	ja	Regenwasser nicht genutzt → -1	
Umwelt- und Gesundheitsverträglichkeit der Bauprodukte	5.1.5.1 Ökologische Baumaterialien bei Neubauten	gering	ja	Kein Zertifikat: keine Bewertung → n	Bei dieser Liegenschaft nicht relevant. Bei Vorliegen von Asbest o.Ä. werden Kosten für die Beseitigung eingeplant.
	5.1.5.2 Gesundheitsschädigende Materialien bei Altbauten	mittel	ja	Abklärung erfolgt: keine gesundheitsschädigenden Baumaterialien → 1	
Begrünung Fassaden/Dach			nein		

4.1 Immobilienbewertung

Eignung für nachtrgl. Installation von Anlagen zur Solarenergienutzung	nein
Traglastreserven	nein
Nutzungskosten	nein

Beurteilung:
Der Economic Sustainability Indicator (ESI) weist für die betreffende Liegenschaft einen positiven Wert von 0,38 aus. Die Teilindikatoren «Flexibilität und Polyvalenz», «Standort und Mobilität», «Sicherheit» sowie «Gesundheit und Komfort» weisen hohe positive Werte zwischen 0,76 und 0,99 aus. Der Teilindikator «Ressourcenverbrauch und Treibhausgase» weist als einziger einen negativen Wert von −0,53 aus, wodurch in diesem Teilbereich Verbesserungspotenziale in Bezug auf Nachhaltigkeit identifiziert wurden. Dabei stechen die Subindikatoren «Heizwärmebedarf», «Kühlbedarf», «Deckung des Strombedarfs» sowie der «Wasserverbrauch» besonders hervor.

Einbezogene Grundlagen:
SVS, RICS, IVSC, ESIweb, Immopac-Bewertungssoftware.
Auswertung als ESI-Report sowie als NUWEL-ESI-Report.

4.1.3 Discounted-Cash Flow-Methode[29]

Die bei der Bewertung von Renditeliegenschaften gängigste Methode ist die DCF-Methode. Sie baut darauf auf, dass der Immobilienwert auf den heute und in Zukunft generierten Zahlungsströmen (Cashflows) basiert und dass der Barwert der Zahlungsströme ein geeigneter Beurteilungsmassstab ist.

Für die Berechnung des Barwerts müssen die Zahlungsströme für die Zukunft modelliert und auf den Bewertungsstichtag diskontiert werden. Zu den Erträgen gehören u.a. die erwarteten Nettomieterträge und der Leerstand. Zu den Kosten zählen die Betriebs-, Instandhaltungs- und Instandstellungskosten sowie bei Bewertungen im Hinblick auf Transaktionen die Bau- und Rückbaukosten oder Kaufpreise. Für die Bestimmung des Diskontsatzes wird in der Regel ein Risikozuschlagsmodell verwendet: Ausgangslage ist der risikolose Zinssatz, zu welchem Zuschläge für das Immobilienmarktrisiko (das unspezifische Risiko) und das Objektrisiko (das spezifische Risiko) kommen.

Bei der DCF-Methode gilt der Grundsatz, dass möglichst viele der wertrelevanten Informationen in den Cashflows abgebildet werden. Das gilt auch für die Nachhaltigkeitsmerkmale, die möglichst bei den Zahlungsströmen (d.h. bei den Mieterträgen, beim Leerstand oder bei den Betriebs-, Instandhaltungs- und Instandsetzungskosten) abgebildet werden. Wenn dies nicht möglich ist – weil beispielsweise die Folgen zu weit in der Zukunft liegen oder weil Auswirkungen mit grossen Unsicherheiten behaftet sind –, können sie als Zuschläge für Objektrisiken im Zinssatz berücksichtigt werden.

Die Stärke der DCF-Methode liegt in der Flexibilität der Erfassung der einzelnen Einflussfaktoren, womit der tatsächlichen Situation im konkreten Fall Rechnung getragen werden kann. Sie täuscht allerdings eine Genauigkeit vor, die in der Praxis nie erreicht werden kann. Abweichungen von 20 bis 30 Prozent bei Bewertungen sind keine Seltenheit.

Das kommt daher, dass Bewertungsexperten bei der Modellierung verschiedene Annahmen treffen müssen und dabei zum Teil ein recht grosser Ermessensspielraum besteht. Im folgenden Beispiel sind solche Annahmen insbesondere bei der Energiepreisentwicklung oder

---

[29] Dieser Abschnitt stammt in leicht abgeänderter Form aus dem NUWEL-Leitfaden. Der NUWEL ist erhältlich unter www.nuwel.de / www.nuwel.at / www.nuwel.ch

bei der Einschätzung von technologischen Innovationen nötig. Je nach Annahme variiert das Resultat. Kleinere Differenzen bei den Ergebnissen, v.a. im Bereich der Wirtschaftlichkeitsschwelle, dürfen deshalb nicht überinterpretiert werden.

Beispiel 4: DCF mit Varianten MuKEn und MINERGIE.

Beat Ochsner, Vorstand Schätzungsexperten-Kammer SVIT (SEK-SVIT):

Als Fachverband für unabhängige und geprüfte Immobilien-Bewertungsexperten in der Schweiz empfiehlt SEK-SVIT den Mitgliedern bzw. Schätzungsexperten, sich bei der Bewertung von Liegenschaften an den Leitfaden NUWEL anzulehnen und die Nachhaltigkeitsaspekte nach dem sogenannten integrativen Ansatz zu berücksichtigen.

Entscheidungssituation:
Bewertung Projekt für Investitionsentscheid

Im Hinblick auf den Investitionsentscheid in ein Wohnbauprojekt wurde der Schätzungsexperte damit beauftragt, eine Bauweise nach Mustervorschriften der Kantone im Energiebereich (MuKEn) oder nach MINERGIE zu bewerten.

Die geplante Wohnüberbauung (vier Wohnhäuser mit 34 Wohnungen, 16 Bastelräumen und gemeinsamer Einstellhalle mit 49 Abstellplätzen sowie einer Gesamtnutzfläche von 3345 m² und einem Gesamtgebäudevolumen von 18 862 m³) liegt in einer eher ländlichen Gemeinde, rund 30 Autominuten von Aarau, Zürich und Luzern entfernt. Die Gemeinde zählt 7200 Einwohner und hat einen S-Bahnhof mit einer S-Bahnlinie mit Halbstundentaktfahrplan sowie mehrere regionale Busverbindungen. Die Mikrolage kann als ruhig und besonnt bezeichnet werden. Einkaufsmöglichkeiten und Schulen sind nur wenige Gehminuten von der geplanten Überbauung entfernt. Die Gemeinde weist mit 0,4 Prozent eine sehr tiefe Leerstandsquote auf, welche markant unter dem Durchschnitt von 1,5 Prozent der zugehörigen Mobilité-Spatiale-Region liegt. Die Median-Wohnungsmiete liegt bei 246 CHF/m², die Wohnungsmiete im 70-Prozent-Quantil bei 254 CHF/m².

Entscheidungsgrundlage

		Minergie	
Parameter	MuKEn	Optimistisch	Pessimistisch
Total Mietertrag = Bruttosollertrag	**875 250**	**906 400**	**884 595**
Strukturelle Leerstände	0,50 %	0,25 %	0,50 %
Versicherungsgebühren	1,00 %	1,00 %	1,00 %
Betriebskosten	0,50 %	0,25 %	0,50 %
Instandhaltungskosten Wiedervermietung	2,00 %	1,00 %	2,00 %
Instandhaltungskosten übrige	3,00 %	4,00 %	4,00 %
Verwaltungsgebühren	4,00 %	4,00 %	4,00 %
Total Bewirtschaftungskosten	11,00 %	10,50 %	12,00 %
Rückstellungen zukünftige Sanierungen	10,00 %	12,00 %	12,00 %
Nettoertrag	**691 448**	**702 460**	**672 292**
Diskontsatz (Modell Opportunitätskosten)			
Basiszins langfristige Anlagen	1,70 %	1,70 %	1,70 %
Zuschlag allg. Liegenschaftsrisiko	2,60 %	2,60 %	2,60 %
Zuschlag Makrolage	0,40 %	0,40 %	0,40 %
Zuschlag Mikrolage	0,20 %	0,20 %	0,20 %
Zuschlag Nutzung	0,05 %	0,00 %	0,00 %
Nominaler Diskontsatz	4,95 %	4,90 %	4,90 %
Abschlag Geldentwertungsschutz	−1,00 %	−1,00 %	−1,00 %
Realer Diskontsatz	**3,95 %**	**3,90 %**	**3,90 %**
Ertragswert	**17 500 000**	**18 000 000**	**17 200 000**
Bruttorendite	5,00 %	5,04 %	5,14 %
Nettorendite	3,95 %	3,90 %	3,91 %
Total Anlagekosten	16 937 971	17 795 206	17 791 935
Erfolg	**562 029**	**204 794**	**−591 935**

Die Marktmieten für die Wohnungen werden bei einer Bauweise nach MuKEn auf CHF 250/m² geschätzt, was ungefähr dem 70-Prozent-Quantil entspricht. Die Marktmieten bei einer Bauweise nach MINERGIE werden auf CHF 260/m² in der optimistischen Einschätzung bzw. auf CHF 253/m² in der pessimistischen Betrachtung geschätzt. Die Mieten für die Bastelräume und Einstellplätze werden gleich hoch angenommen.

Von den Bruttosollmieten werden die zukünftigen Kosten für Mietertragsausfälle, Versicherungsgebühren, Betriebskosten (nicht weiterverrechenbare Nebenkosten), laufende Instandhaltungskosten, Verwaltungsgebühren sowie für die Rückstellungen der zukünftigen Sanierungen abgezogen. In der Annahme, dass nachhaltigere Bauten besser vermietbar sind als weniger nachhaltig gebaute Gebäude, werden in der optimistischen MINERGIE-Variante ein tieferes strukturelles Leerstandsrisiko und entsprechend tiefere Betriebs- und Unterhaltskosten erwartet. Als Folge der kontrollierten Lüftung werden erhöhte Betriebs- und Unterhaltskosten erwartet. Zudem werden aufgrund einer umfassenderen Technisierung eines MINERGIE-Gebäudes in Zukunft höhere Sanierungskosten erwartet. Diese Einschätzungen führen dazu, dass der Nettoertrag der pessimistischen MINERGIE-Variante tiefer liegt als bei der Bauweise nach MuKEn.

Der für die Kapitalisierung der Nettoerträge massgebende Diskontierungszinssatz wird mithilfe des Opportunitätskostenmodells bestimmt. Er setzt sich aus einem Zins für langfristige Anlagen, einem Zuschlag für das allgemeine Liegenschaftsrisiko (Illiquidität), der Makro-, der Mikrolage und der Nutzung zusammen. Der Diskontsatz der drei Varianten unterscheidet sich lediglich im Bereich des Nutzungszuschlages, indem die Nutzungsqualität der MINERGIE-Bauten im Vergleich zur MuKEn-Bauweise besser eingeschätzt wird (MINERGIE-Varianten 3,90 %, MuKEn-Variante 3,95 %). Erwartungsgemäss ergibt die optimistische MINERGIE-Variante den höchsten, die pessimistische MINERGIE-Variante dagegen den tiefsten Ertragswert. Werden vom Ertragswert die Anlagekosten abgezogen (welche bei den MINERGIE-Varianten im Baukostenplan 2 mit 7 % höheren Baukosten geschätzt sind), zeigt sich, dass in der finanziellen Betrachtung die Bauweise nach MuKEn am besten abschneidet.

Beurteilung:
Aufgrund der Erkenntnis, dass Mieter, sofern sie die Möglichkeiten haben, Mietobjekte auf der Basis der Bruttomieten vergleichen, ist eine höhere Nettomiete im Markt nur erzielbar, wenn die Bruttomiete nicht höher liegt als bei alternativer Bauweise. Wenn trotz tiefer eingeschätzter Heiz- und Warmwasserkosten aufgrund der kontrollierten Lüftung für Mieter leicht höher geschätzte Nebenkosten anfallen, liegt die Bruttomiete nach MINERGIE über der Bruttomiete nach MuKEn. Bei der pessimistischen MINERGIE-Variante mit gleicher Bruttomiete liegt der geschätzte Mehrertrag auf der Nettomiete bei lediglich 1 Prozent, was die höheren Baukosten nicht aufzufangen vermag. Die MINERGIE-Variante würde erst dann einen höheren Erfolg (Projektwert abzüglich Anlagekosten) ausweisen, wenn die Diskontierungszinssätze um 10 Basispunkte (Bp) bzw. um 25 Bp gesenkt würden. Damit ergäben sich jedoch unrealistische Bruttorenditen von 4,9 Prozent. Oder die Marktmieten müssten bei 270 CHF/m² oder um 8 Prozent (ungefähr im Umfang der höheren Baukosten) höher liegen als bei der MuKEn-Variante.

Vergleich Netto-/Bruttomiete am Beispiel einer Wohnung				
Marktmiete Wohnen	CHF/m²/p.a.	250	260	253
Nettomiete Musterwohnung	80 m²	1667	1733	1687
Nebenkosten Heizung/WW		80	50	50
Übrige Nebenkosten		50	60	60
Bruttomiete		**1797**	**1843**	**1797**

Einbezogene Grundlagen:
SVS, integrierter Ansatz nach NUWEL.

4.2 Projektentwicklung

Die Wirtschaftlichkeit und die Nachhaltigkeit von Immobilien werden massgeblich vorbestimmt durch Überlegungen und Entscheidungen in frühen Phasen der Projektentwicklung, wenn über Nutzungen, Raumkonzepte, Baustandards usw. entschieden wird. Die Entscheidungen fallen in einem Planungs- und Bauprozess an, der in der Regel entsprechend dem Leistungsmodell SIA 112 abläuft. Mit der Empfehlung SIA 112/1 («Nachhaltiges Bauen – Hochbau») liegt zudem eine zweckmässige Vorgehens- und Entscheidungshilfe für Bauherrschaften und Investoren vor. Sie präzisiert die Planerleistungen für nachhaltiges Bauen für Neubau-, Umbau-, Instandsetzungs- und Umnutzungsvorhaben und schlägt vor, mit einer Zielvereinbarung die für ein konkretes Projekt relevanten Kriterien festzulegen und darauf aufbauend die Leistungen über alle Phasen des SIA-112-Leistungsmodells zu vereinbaren.

Die Erfahrung zeigt, dass allfällige Mehrkosten in engen Grenzen bleiben, wenn über die wichtigsten Fragen der Nachhaltigkeit in den frühen Phasen entschieden wird. Das ist v. a. dann der Fall, wenn Baudienstleistende auch über die nötigen Fachkompetenzen und Erfah-

Tabelle 7: Phasengliederung der Planungsleistungen nach dem Leistungsmodell SIA 112.

Phase	Teilphase	Nachhaltigkeitsrelevante Entscheide
1 Strategische Planung	11 Bedürfnisformulierung, Lösungsstrategien	Ziele gemäss SIA 112/1
2 Vorstudien	21 Projektdefinition, Machbarkeitsstudie	– Ziele gemäss SIA 112/1 – Standorteigenschaften
	22 Auswahlverfahren	– Objekteigenschaften – Rendite-/Risikoziele (grob)
3 Projektierung	31 Vorprojekt	
	32 Bauprojekt	– Objekteigenschaften – Rendite-/Risikoziele
	33 Baubewilligungsverfahren/ Auflageprojekt	
4 Ausschreibung	41 Ausschreibung, Offertvergleich, Vergabeantrag	
5 Realisierung	51 Ausführungsprojekt	– Ausführungsqualität
	52 Ausführung	– Ausführungsqualität
	53 Inbetriebnahme, Abschluss	
6 Bewirtschaftung	61 Betrieb	
	62 Erhaltung	

Quelle: eigene Darstellung auf der Basis von SIA 112 (SIA 2001) und SIA 112/1 (SIA 2004).

rungen verfügen und damit Aufwand für Mehrfachplanungen und Kosten für Nachbesserungen entfallen. Werden Nachhaltigkeitsanforderungen erst in der Projektierungsphase eingebracht, kann das zu unnötigen Mehrkosten führen. Allerdings gilt auch hier der Grundsatz «Keine Regel ohne Ausnahme». So ist es immer wieder möglich, bessere Produkte auch später noch einzubeziehen. Ein Beispiel dafür sind dreifach verglaste Fenster, die oft zum gleichen Preis angeboten werden wie zweifach verglaste.

Beispiel 5: Nachhaltigkeit bei Projektwettbewerb Arealentwicklung.

Immobilien Basel-Stadt:

Immobilien Basel-Stadt ist verantwortlich für die Eigentümervertretung der kantonseigenen Liegenschaften und Grundstücke. Neben den Immobilien des Verwaltungsvermögens (Betriebsliegenschaften) betreut Immobilien Basel-Stadt als Dienststelle des Finanzdepartements auch die Areale, Baurechte und Wohn- und Geschäftsliegenschaften im Finanzvermögen des Kantons Basel-Stadt.

Für die Gebäude im Verwaltungsvermögen ist betreffend Nachhaltigkeit das Konzept der «klimaneutralen Verwaltung» richtungsweisend, für welches der Grosse Rat des Kantons Basel-Stadt einen Rahmenkredit von 33,5 Mio. CHF für die Periode 2008 bis 2015 bewilligt hat. Damit werden Massnahmen finanziert, die bei Gebäudesanierungen zur Reduktion der CO_2-Emissionen führen und bei Neubauten einen Passivhaus-Standard ermöglichen.

Für die Immobilien im Finanzvermögen hat der Regierungsrat ein Konzept beschlossen, wonach die drei Aspekte der Nachhaltigkeit (Ökologie, Gesellschaft und Ökonomie) in einem Gleichgewicht zu halten sind und nicht die Maximierung eines der drei Aspekte zu verfolgen ist.

Entscheidungssituation:

Rangierung Arealentwicklung Projektwettbewerb
Umnutzung eines 4400 m² grossen innerstädtischen, bisher für Werkstätten des Bau- und Verkehrsdepartementes genutzten Areals zu einer Wohnnutzung.
Die erarbeitete Entscheidungsgrundlage diente der Jury für die Rangierung der Eingaben eines Projektwettbewerbs und als Folge Immobilien Basel-Stadt für die Weiterbearbeitung.

Entscheidungsgrundlage:
Zielsetzungen für den Projektwettbewerb:
- Wirtschaftlich realisierbares Projekt mit möglichst tiefen Mietkosten der 50 bis 60 Wohnungen, um so den Quartierbewohnerinnen und Quartierbewohnern zu ermöglichen, ihre Häuser für nächste Generationen freizugeben und trotzdem im gewohnten Quartier bleiben zu können.
- Möglichst geringer Flächenverbrauch (und durchdachte Konzipierung) als wesentlicher Ansatz für tiefe Mietkosten.
- Mehrgenerationen-Wohnüberbauung für Haushalte unterschiedlicher Grösse und Personen unterschiedlichen Alters aus einem mittleren Einkommenssegment.

Für die Beurteilung der Projekte kamen folgende Beurteilungskriterien zur Anwendung:
- Städtebau, Architektur, Aussenraum
- Funktionalität (Einhaltung Raumprogramm)
- Soziale Nachhaltigkeit (Vielfalt des Wohnungsangebots, Nutzungsflexibilität, Qualität der Wohneinheiten)
- Ökonomische Nachhaltigkeit (Anzahl und Grösse der Wohneinheiten, Vereinbarkeit mit der Positionierung der Überbauung im mittleren Mietpreissegment)
- Ökologische Nachhaltigkeit (Bau und Betrieb sind möglichst umweltschonend vorzusehen)

Die Reihenfolge dieser Bewertungskriterien enthält keine Wertung. Das Preisgericht hat aufgrund der aufgeführten Beurteilungskriterien eine Gesamtwertung vorgenommen. Die Beurteilung der Projekte erfolgte anonym.

Beurteilung:
Das Siegerprojekt von Esch Sintzel Architekten erfüllt die gesellschaftlichen, ökonomischen und ökologischen Vorgaben am besten. Das Projekt bietet im Vergleich zu den anderen Projekten die tiefsten Mietkosten (bei gleicher Wirtschaftlichkeit) und besitzt mit dem Hofgebäude aus Holz ein hohes Potenzial für eine ökologische Bauweise. Auch die unterschiedlichen und reizvoll gewählten Wohnungstypologien sowie die Einbettung im Stadtraum platzieren das Projekt aus Sicht der gesellschaftlichen Nachhaltigkeit auf den ersten Rang.

Quelle: Esch Sintzel Architekten.

Einbezogene Grundlagen:
Im Rahmen der Vorprüfung erfolgten u.a. eine unabhängige Kostenrechnung über die rangierten Projekte, eine energetische Beurteilung dieser Projekte und eine Prüfung von Kennzahlen, wie z.B. Flächeneffizienz.

4.3 Neubau

Unabhängig davon, ob im Rahmen von Planungen und Vorstudien bereits Entscheidungen zur Nachhaltigkeit gefällt wurden oder nicht: Spätestens bis zur Projektgenehmigung müssen die nachhaltigkeitsrelevanten Fragen geklärt sowie konkrete Lösungen vorgeschlagen und im Kostenvoranschlag in Franken und Rappen beziffert werden. Inhaltlich werden hier die Weichen bezüglich Energiestandard und Energieträger sowie bezüglich Nachhaltigkeitsstandard (z.B. SNBS, SGNI oder LEED) gestellt, die zusammen mit den definierten Baustandards und dem Kostenrahmen bzw. den Renditeerwartungen der Bauherrschaft oder der Investoren zur Realisierungsentscheidung führen.

Beispiel 6: Neubauprojekt mit Nachhaltigkeitsbeurteilungen.

Suva, Abteilung Immobilien:

Die Suva hält als institutionelle Investorin direkte Immobilienanlagen in der Schweiz. Diese sind auf Werterhaltung und Langfristigkeit sowie einen kontinuierlichen Ertrag ausgerichtet. Die Anlagestrategie baut auf Nachhaltigkeit auf:

Gesellschaftlich: hohe Lebensqualität und gutes Wohlbefinden
Wirtschaftlich: marktkonformes Portfolio, Beitrag zur Verzinsung des Rentendeckungskapitals
Umwelttechnisch: Immobilienportfolio ist in der Lage, mit den Risiken von langfristigen Entwicklungen umzugehen (Energie, Ressourceneinsatz, Mobilität usw.)

Die Portfolio-/Objektstrategie integriert Nachhaltigkeit: Bestandesimmobilien werden periodisch gemäss einem fest definierten Kriterienkatalog beurteilt (Makrolage, Mikrolage, Objektqualität und Wirtschaftlichkeit) und daraus wird eine Portfoliostrategie abgeleitet. Die ESI-Indikatoren werden in den Kriterien «Mikrolage und Objektqualität» als wichtige Faktoren berücksichtigt.

Entscheidungssituation:

Kreditantrag

Kreditantrag für die Realisierung einer Wohn- und Geschäftsliegenschaft als Entscheidungsgrundlage für die Geschäftsleitung.

Entscheidungsgrundlage:
Umfassende Beurteilung des Projekts
Nur zehn Minuten vom Uster-Zentrum entfernt wird mit dem Wohn- und Geschäftshaus Flor eine städtebauliche Vision verwirklicht: Service- und Netzwerkgedanke verbinden sich mit Wohnen, Arbeiten und Leben. Dabei steht nachhaltige Entwicklung für eine neue Form des urbanen Lebensstils. Ziel ist es, eine hohe ökologische und ökonomische sowie soziokulturelle und funktionale Qualität zu erreichen.

Baujahr:	2012 bis 2015	
Nutzflächen:		
Wohnen	4872 m² / 44 Wohnungen	
Büro	6215 m²	
Retail / Gastro	1693 m²	
Wärmeerzeugung:	Pelletheizung (CO_2-neutrale Wärmeerzeugung)	
Erschliessung:	ÖV-Güteklasse B, gute Erschliessung	
Nachhaltigkeitsbeurteilungen:	ESI-Indikator 0,5 DGNB Silber MINERGIE-Standard 2010	
Makrolage	1,4	sehr gut
Mikrolage	2,0	gut
Objektqualität	1,5	gut bis top
Economic Sustainability Indicator (ESI)	0,5	sehr gut

Erkenntnisse und Folgerungen:
- Flexibilität und Veränderbarkeit hoch
- Guter Mix, breites Angebot
- Hohe Bauqualität (Zugänglichkeit / Installation, leicht austauschbare Konstruktion)
- Anpassbare Grundrisse (Wohnen im Alter)
- CO_2-neutrale Heizung (keine Abhängigkeit von fossilen Energieträgern)

Die angestrebte Nachhaltigkeit ist mit dem hohen ESI-Wert von 0,5 gegeben. Damit entspricht das Projekt den Anforderungen der Strategie «Immobilien-Direktanlagen Schweiz».

Einbezogene Grundlagen:
ESI (Version 2009).

Quelle: Raumgleiter GmbH.

4.4 Sanierung

Sanierungsentscheidungen basieren an und für sich auf gleichen Grundlagen wie Neubauentscheidungen. Der einzige (aber wichtige) Unterschied liegt darin, dass vieles schon vorgegeben ist: der Standort, das bestehende Gebäude, die Statik oder die nachbarrechtlichen Verhältnisse. Dadurch werden die Entscheidungsspielräume kleiner – auch bezüglich der Nachhaltigkeit. Hier sind spezielle Fachkompetenzen und Erfahrungen nötig, damit wirtschaftlich sinnvolle Erneuerungen möglich sind.

Beispiel 7: Sanierungsvarianten (Pensionskasse der Zürcher Kantonalbank).

Pensionskasse der Zürcher Kantonalbank:
Die Pensionskasse der Zürcher Kantonalbank ist eine Immobilieninvestorin. Ihr Anlageziel im Bereich der Immobilien Schweiz ist eine Quote von nachhaltigen Immobilien von 20 Prozent und mehr. Neubauten werden konsequent nach MINERGIE-Standard oder gleichwertiger Alternative gebaut und Sanierungen werden so durchgeführt, dass der Energieverbrauch nach der Sanierung unter einem definierten Benchmark liegt. Auch beim Kauf von Immobilien wird auf die Nachhaltigkeit geachtet: Bei bestehenden Liegenschaften wird eine gute Energiebilanz und bei Neubauten eine MINERGIE- oder gleichwertige Zertifizierung vorausgesetzt. Eine weitere Voraussetzung ist eine gute Erreichbarkeit mit dem öffentlichen Verkehr.

Entscheidungssituation:
Umfassende Beurteilung von Sanierungsvarianten
Die Beurteilung dient dem Entscheidungsgremium der Pensionskasse zur Festlegung der auszuführenden Massnahmen.
Die vier Mehrfamilienhäuser in Zürich-Affoltern mit etwa 3000 m^2 Wohnfläche wurden 1982, an Landwirtschaftsgebiet angrenzend, erstellt. Die Objekte sind gut erhalten, weisen jedoch entsprechend der Alterung Abnutzungen der Bauteile auf. Eine Gesamtsanierung drängt sich auf.

Entscheidungsgrundlage:
Als Entscheidungsgrundlage wurden zunächst von internen und externen Dienstleistern für vier Varianten (Innensanierung mit energetischer Sanierung, Abbruchbewirtschaftung, Ersatzneubau und Verkauf) die Kosten erhoben und die Risiken beurteilt. Für die Prüfung, ob sich die Investitionen rentabilisieren lassen, wurden DCF-Berechnungen durchgeführt und deren Werte mit dem aktuellen Immobilienwert verglichen. Als Entscheidungsgrundlage wurden Net Present Value (NPV) und Internal Rate of Return (IRR) berechnet.

IRR und Veränderung NPV

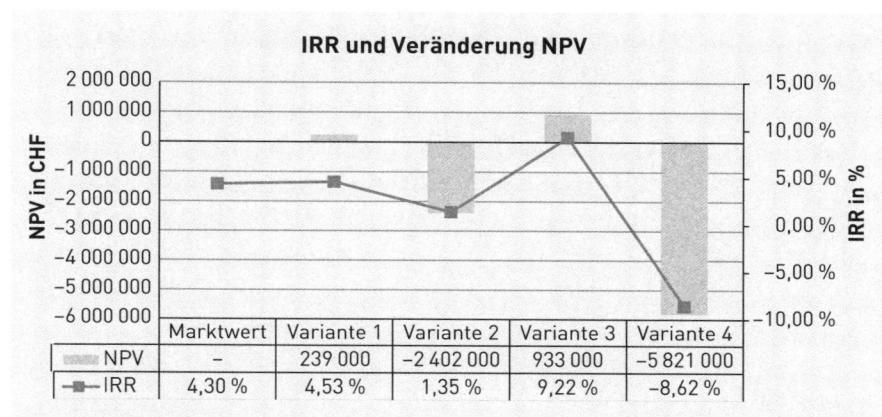

	Marktwert	Variante 1	Variante 2	Variante 3	Variante 4
NPV	–	239 000	–2 402 000	933 000	–5 821 000
IRR	4,30 %	4,53 %	1,35 %	9,22 %	–8,62 %

Marktwert: Benchmark
Variante 1: Gesamtsanierung («ZeroEmission»)
Variante 2: Abbruchbewirtschaftung
Variante 3: Verkauf
Variante 4: Ersatzneubau

Erkenntnisse und Folgerungen:
Der höchste NPV resultiert bei einem Verkauf. Das kommt daher, dass in der aktuellen Marktsituation ein Verkaufspreis von 10 Prozent über dem intern geschätzten Wert erwartet wird. Da dies jedoch mit der Anlagestrategie in Konflikt steht, wird diese Alternative nicht weiterverfolgt. Die Gesamtsanierung mit einer energetischen Sanierung bietet den nächsthöheren NPV. Bei dieser Variante steigt zudem der IRR von 4,30 Prozent auf 4,53 Prozent. Der positive NPV kommt zustande, weil die Liegenschaft über ein Mietzinspotenzial vor der Sanierung von 14 Prozent der aktuellen Ist-Mieten und nach der Sanierung von 26 Prozent der aktuellen Ist-Mieten verfügt, die umfassende Sanierung also das Mietzinspotenzial erhöht. Die Abbruchbewirtschaftung ist wenig lukrativ, da damit das vorhandene Mietzinspotenzial nicht ausgenutzt werden kann und höhere erwartete Leerstände die Erträge schmälern. Zudem bestehen u.a. grössere Projekt- und Vermietungsrisiken, was sich in höheren Risikoprämien im Diskontsatz widerspiegelt und zu einem tieferen NPV führt. Ein Ersatzneubau ist nicht attraktiv, da keine Ausnützungsreserven vorhanden sind.
Aufgrund der Beurteilung inkl. Nachhaltigkeit wurde beschlossen, eine Gesamtsanierung durchzuführen, welche eine Innensanierung und eine energetische Sanierung beinhaltet. Die Innensanierung beinhaltet die Erneuerung von Küchen und Bädern. Die energetische Sanie-

rung umfasst die Installation eines Erdsondenfeldes und einer Wärmepumpe sowie Massnahmen für die Dämmung (Fassade und Keller) und Fensterersatz. Der Strombedarf für die Wärmepumpe wird mittels neu installierter PV-Anlagen erzeugt, welche über das Jahr hinweg den Strombedarf der Wärmepumpe zu decken vermögen. Die geplante Sanierung orientiert sich an dem Konzept «ZeroEmission» von Prof. Hansjörg Leibundgut von der ETHZ. Auf ein komplett neues Wärmedämmverbundsystem wird verzichtet, weil aufgrund der komplexen Dachgeometrie sehr hohe Kosten entstehen würden.

Verwendete Grundlagen:
ESI-Indikator.

Beispiel 8: Sanierungsvarianten mit Immogreen.

Max Pfister Bau AG:
Als Investor und Immobiliendienstleister ist die Max Pfister Bau AG bestrebt, ihren Immobilienbestand stetig zu modernisieren und in diesem Rahmen Altbauten entweder einer energetischen Gesamtsanierung zu unterziehen oder, falls nötig, durch einen Neubau zu ersetzen und dabei ökologische, soziale und wirtschaftliche Aspekte gleichermassen zu beachten. Den Mieterinnen und Mietern will sie ein angenehmes, sorgenfreies und dennoch erschwingliches Wohnerlebnis bieten. Dies soll auch nach energetischen Erneuerungen einzelner Liegenschaften noch der Fall sein. Entsprechend wird jeweils ein Weg zwischen optimaler Ökologie und Ökonomie gesucht.

Entscheidungssituation:
Sanierungsentscheidung
Als Grundlagen für eine Erneuerung einer Wohnliegenschaft soll unter mehreren möglichen Sanierungsvarianten die optimalste Variante ermittelt werden.
Das Mehrfamilienhaus im Osten der Stadt St. Gallen mit Baujahr 1951 ist ein typischer Fünfziger-Jahre-Bau. Die Bausubstanz ist veraltet und die Grundrisse sind nicht mehr zeitgemäss (kleine Balkone, alte Nasszellen und 30-jährige Küchen, die nur teilweise saniert wurden).
Hinzu kommt ein hoher Heizölverbrauch für Heizung und Warmwasseraufbereitung.

Das Haus steht an ruhiger Wohnlage in einem familienfreundlichen Quartier mit guter Verkehrs- und öV-Anbindung sowie Einkaufsmöglichkeiten und Erholungszonen in Gehdistanz. Grosszügige Bauabstände innerhalb der Siedlung lassen viel Freiraum und Aussicht zu. Das Quartier hat einen durchschnittlich guten Ruf und weist ein Mietzinsniveau im mittleren bis unteren Bereich auf. Dementsprechend findet sich hier eine heterogene Bewohnerschaft von Studenten über Familien mit Kindern bis zu älteren Ehepaaren. Der Ausländeranteil ist relativ hoch.

Das Mehrfamilienhaus wurde in den vergangenen Jahren regelmässig unterhalten und in kleinen Schritten erneuert: 1979 wurden die Küchen, 1987 die Fenster ersetzt. 2005 erfolgte eine Teilsanierung der Küchen. Der Energieverbrauch liegt mit 15 Litern Öl pro Quadratmeter Geschossfläche deutlich über den heutigen Anforderungen.

Entscheidungsgrundlage:
Renditebetrachtung

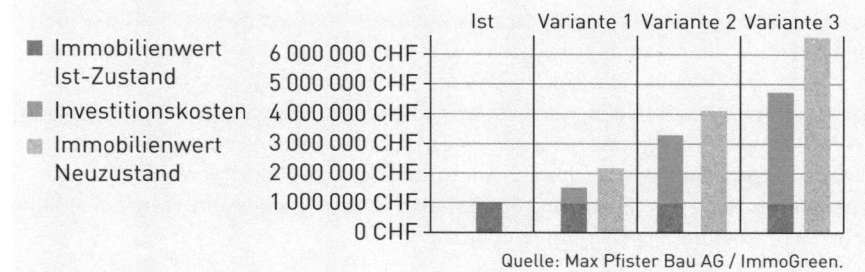

- Immobilienwert Ist-Zustand
- Investitionskosten
- Immobilienwert Neuzustand

Quelle: Max Pfister Bau AG / ImmoGreen.

Die Sanierungsvarianten wurden mit dem Planungsinstrument ImmoGreen erarbeitet. Die Auswertung zeigt dem Eigentümer pro Sanierungsvariante
- die Auswirkung auf die Energieetikette der Liegenschaft (GEAK),
- die Auswirkungen auf die Nachhaltigkeitsaspekte (ESI),
- die zu erwartenden Kosten (unter Einbezug allfälliger staatlicher Fördermittel) sowie
- die Auswirkung auf den Immobilienwert (entsprechend der Verbesserung der Nachhaltigkeitsrisiken wird der Diskontsatz angepasst und beim geschätzten Bruttomietertrag die Lage des Objekts einbezogen).

Beim konkreten Beispiel erreicht die Liegenschaft nach Abschluss der Arbeiten bei allen gewählten Erneuerungsvarianten die Energieetikette B. Der ESI-Indikator für Nachhaltigkeit verbessert sich von 0,23 auf 0,6 (Parameter von −1 bis +1). Die Wirtschaftlichkeitsrechnung zeigt, dass die Sanierung den Wert der Immobilie knapp vervierfacht und dass eine Anfangsrendite von 5,8 Prozent zu erwarten ist.

Beurteilung:
Die Eigentümerschaft hat sich für eine Sanierung nach MINERGIE-Standard mit einer Balkonvergrösserung entschieden. Bei dieser Variante standen die Kosten der Massnahmen im besten Verhältnis zur Verbesserung der Energieeffizienz und der Nachhaltigkeitsaspekte sowie zum erzielbaren Mietzinsmehrertrag. Die notwendigen Mietzinsaufschläge werden sich bei der gewählten Variante noch in einem Rahmen bewegen, der auch für die aktuelle Bewohnerschaft verkraftbar ist.

Einbezogene Grundlagen:
ImmoGreen (www.immogreen.info) mit Energieetikette, ESI, Retrovit-Advisor.

4.5 Portfoliomanagement

Grundlage für das Portfoliomanagement und damit Voraussetzung für fundierte Investitionsentscheidungen ist ein Überblick über die Rendite-Risiko-Profile der einzelnen Immobilien. Dazu gehört auch der systematische Einbezug von Nachhaltigkeit, wie in Beispiel 6 (Suva-Neubauprojekt mit Nachhaltigkeitsbeurteilungen) gezeigt wird. In einem einfachen Säulendiagramm mit dem ESI-Indikator aller Immobilien eines Portfolios wird sofort klar, welche Immobilien bessere Nachhaltigkeitsqualitäten und damit geringere Wertschwankungen bzw. ein höheres Wertentwicklungspotenzial aufweisen und bei welchen Immobilien eine Sanierung oder Transaktion als Entscheidungsoption zu prüfen ist.

4.5 Portfoliomanagement

Beispiel 9: Portfolioanalyse mit ESI.

Migros-Pensionskasse:

Die Migros-Pensionskasse zieht v. a. bei zu fällenden Sanierungsentscheiden zu Liegenschaften im Portfolio die Erkenntnisse aus ESI bei. ESI soll aber auch helfen, Liegenschaften herauszufiltern, welche am ehesten verkauft werden sollen.

Entscheidungssituation:
Portfoliomanagement

ESI soll dem Portfoliomanagement helfen, die Strategie für jede Liegenschaft festzulegen. Dabei geht es um die zeitliche Behandlung und die Festlegung der Massnahmen (Sanierung, Abbruch/Neubau oder Verkauf).

Entscheidungsgrundlage:

In der folgenden Tabelle sind die ESI-Indikatoren eines Teilportfolios (Erhebungsetappe 1) dargestellt.

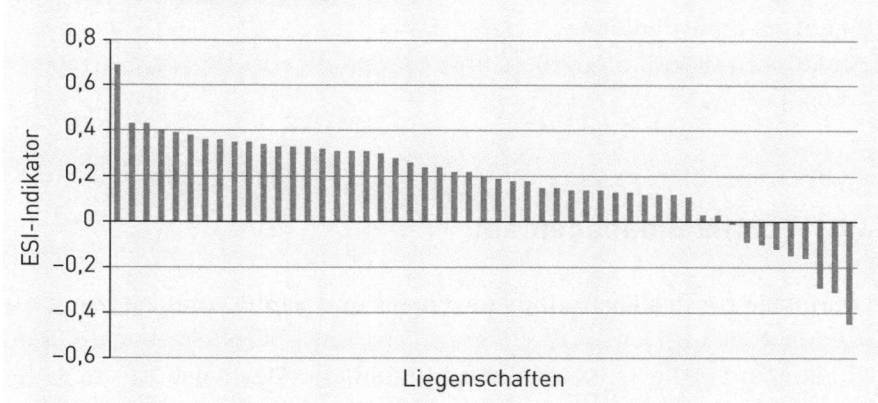

Erkenntnisse und Folgerungen:

Handlungsbedarf besteht vorerst bei den Liegenschaften mit dem schlechtesten Ergebnis. Ein wesentlicher Treiber für das schlechte Resultat ist auf den grossen Ressourcenverbrauch und die damit verbundenen Treibhausgase zurückzuführen. Den grössten Punkteabzug verzeichnen v. a. ältere Liegenschaften aus den 1950er- bis 1980er-Jahren. Beim Kriterium «Flexibilität und Polyvalenz» weisen vier Liegenschaften einen erheblichen Minuswert auf, da sie z.B. niedrige Geschosshöhen, fehlende Rollstuhlgängigkeit oder keine Aufzüge auf-

> weisen. Oft ist es sogar eine Kombination aus einigen negativen Faktoren.
> Bei der Sicherheit müssen zwei Liegenschaften einen grösseren Punkteabzug hinnehmen, da sie in einer Zone liegen, die zukünftig stärker durch Hochwasser gefährdet sein dürfte und bezüglich Brandschutz bei einer Sanierung ertüchtigt werden müssen.
> Der Eigentümer kann den Standort nicht verändern. Ein schlechtes Ergebnis bei diesem Kriterium kann dann höchstens durch einen Verkauf gelöst werden. Bei den Kriterien «Flexibilität/Polyvalenz» sowie «Ressourcenverbrauch/Treibhausgase» und teilweise bei «Gesundheit/Komfort» hingegen hat es der Eigentümer in der Hand, das Ergebnis zu verbessern.
> Wenn man das Resultat der drei genannten Faktoren berücksichtigt, so kommt man zum Schluss, dass fünf Liegenschaften möglichst bald energetisch saniert werden sollten und gleichzeitig die Flexibilität und Polyvalenz durch bauliche Massnahmen verbessert werden sollen. Zu klären ist in einer nächsten Phase, ob die Ziele besser durch Sanierung oder allenfalls nur durch Abbruch oder Neubau erreicht werden können.
>
> **Einbezogene Grundlagen:**
> ESI-Indikator.

Eine vertieftere Portfolioanalyse wird möglich, wenn gleichzeitig sowohl Risiko (als ESI-Rating) als auch Rendite betrachtet werden. In folgender Grafik sind 270 Mehrfamilienhäuser mit der Rendite und dem ESI-Rating als Indikator für die Wertentwicklung abgebildet. Es sind Renditeliegenschaften von Suva, Swisscanto, Swiss Life, UBS sowie den Städten Basel und Zürich. Der Gesamtwert der Liegenschaften beträgt über 2,7 Mia. CHF.[30] Mithilfe der Mediane entsteht eine Vier-Felder-Matrix, die in Anlehnung an die Boston-Consulting-Group-Matrix (BCG-Matrix) interpretiert werden kann (siehe Abbildung 12). Es wird sofort klar, dass es sich bei den Objekten im Quadrant I um die «Stars» des Portfolios handelt. Das sind die Immobilien, die sowohl kurzfristig eine hohe Rendite als auch mittel- bis langfristig eine gute Wertentwicklung aufweisen. Umgekehrt weisen die Objekte im Quadrant III

---

[30] Die Auswertung und der Text wurden in der NZZ-Immobilienbeilage vom 29. Mai 2013 in leicht geänderter Fassung veröffentlicht (Meins 2013).

sowohl eine tiefe Rendite als auch ein ausgeprägtes Risiko der Wertentwicklung auf. Bei diesen «poor dogs» drängt sich eine genauere Analyse auf: Sollen sie noch im Portfolio gehalten werden? Mit oder ohne Sanierung? Die Objekte im Quadrant II oben links können als «cash cows» bezeichnet werden: Hier sind Immobilien mit kurzfristig hoher Rendite, aber mittelfristig unsicherer Wertentwicklung zu finden. Bei diesen dürfte sich bald einmal die Frage stellen, ob mit einer Sanierung die Wertentwicklungsrisiken reduziert werden können. Die Objekte im Quadrant IV weisen im Moment zwar eine tiefere Rendite auf, zeichnen sich aber durch ein überdurchschnittliches Wertentwicklungspotenzial aus. Diese Immobilien können als «high potentials» betrachtet werden.

Aus der Grafik lässt sich Folgendes erkennen: Wird allein die Rendite betrachtet, so erwirtschaften nicht nachhaltige Immobilien eine leicht höhere Rendite: Die statistische Auswertung der 270 Renditeliegenschaften zeigt einen leicht negativen, aber statistisch signifikanten Zusammenhang zwischen der Nettorendite und dem ESI-Indikator. Bei näherer Betrachtung erstaunt diese Feststellung allerdings nicht. Nicht nachhaltige Immobilien weisen höhere Nachhaltigkeitsrisiken auf, die

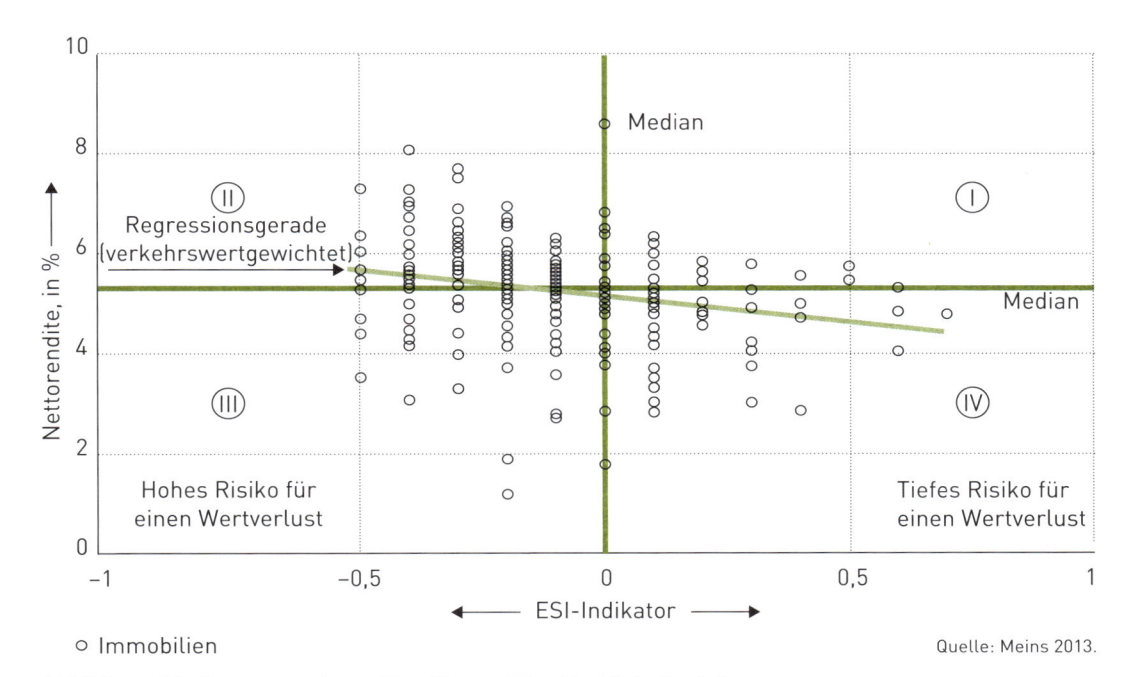

Abbildung 12: Zusammenhang Rendite und Nachhaltigkeitsrisiko.
Auswertung von 270 MFH mit ESI 2009 (Suva, Swiss Life, Swisscanto, UBS, UBS-Pensionskasse sowie die Städte Basel und Zürich); geschätzter Marktwert: 2,7 Mia. CHF.

mit einer Risikoprämie in Form einer höheren Rendite abgegolten werden. Dies entspricht dem zu erwartenden Rendite-/Risikozusammenhang. Für das Portfoliomanagement heisst das, dass jede Immobilie oberhalb der Regressionsgerade besonders attraktiv ist. Diese Objekte haben im Verhältnis zu ihrem Nachhaltigkeitsrating eine überdurchschnittliche Rendite. Umgekehrt weisen Objekte unterhalb der Regressionsgeraden im Verhältnis zu ihrem Nachhaltigkeitsrating eine unterdurchschnittliche Rendite auf. Hier stellt sich für Portfoliomanager die Frage, ob und wie stark die Mieten nach oben angepasst werden können.

4.6 Anlageproduktgestaltung

Bei der Gestaltung von Anlageprodukten jeder Art spielt der Rendite-/Risikozusammenhang eine zentrale Rolle. Die zugrunde liegenden Entscheidungen sind im Kern dieselben wie im vorangehenden Abschnitt beim Portfoliomanagement. Mit dem ESI-Indikator können die gängigen Renditekennzahlen durch ein Risikomass ergänzt werden, sodass ein deutlich besseres Risikomanagement möglich ist.

Beispiel 10: Portfolioanalyse mit ESI.

Swisscanto Asset Management AG:
In der Verminderung des Energieverbrauchs und der CO_2-Emissionen von Gebäuden kommt Swisscanto als Eigentümerin eine bedeutende Rolle zu. Swisscanto hält Schweizer Immobilien im Wert von über 6 Mia. CHF und will für ihre Anlagekunden ein bestmögliches Rendite-/Risikoverhältnis erzielen. Neben den finanztechnischen Elementen bestimmen die Faktoren «Standort», «Gebäudetechnik» und «Nutzungsflexibilität» den Wert von Liegenschaften. Swisscanto bezieht systematisch Nachhaltigkeitsaspekte auf verschiedenen Ebenen ein:
- Swisscanto hat entschieden, den Einbezug von Nachhaltigkeitsaspekten in den Bereichen Energieeffizienz und nachhaltiges Bauen zu systematisieren und entsprechende Ziele und Massnahmen zu definieren. Operativ wird dies umgesetzt mit einem Nachhaltigkeitsleitfaden, der für die Gestaltung und Beurteilung aller Immobilien von Swisscanto eingesetzt wird.

- Die 129 Liegenschaften des Immobilienfonds «Swisscanto Real Estate Fund Ifca» wurden anhand des Economic Sustainability Indicator (ESI) bewertet (siehe Grafik). Im direkten Vergleich zum Stand im September 2009 lassen sich im März 2013 Verbesserungen der Nachhaltigkeitswerte und ein damit verbundenes Wertsteigerungspotenzial für den Anleger feststellen.

Entscheidungssituation:
Anlageproduktgestaltung / Portfoliomanagement
Der Economic Sustainability Indicator (ESI) ermöglicht das systematische Erfassen von Nachhaltigkeitsfaktoren für Kauf-, Bau- oder Sanierungsvorhaben von Immobilien.
In der Kaufphase kann beispielsweise beurteilt werden, wie sich das Kaufobjekt im Portfolio in den Nachhaltigkeitsaspekten positioniert bzw. wie diese die Nachhaltigkeitsbewertung auf Portfoliostufe beeinflussen. Zudem kann aufgezeigt werden, welche Massnahmen zu ergreifen sind, um bei einer anstehenden Sanierung das Nachhaltigkeitspotenzial auszuschöpfen.

Entscheidungsgrundlage:
In der Grafik ist der wertgewichtete ESI-Indikator für das Portfolio des «Swisscanto Real Estate Fund Ifca» (geschätzter Wert 1 Mia. CHF) abgebildet.

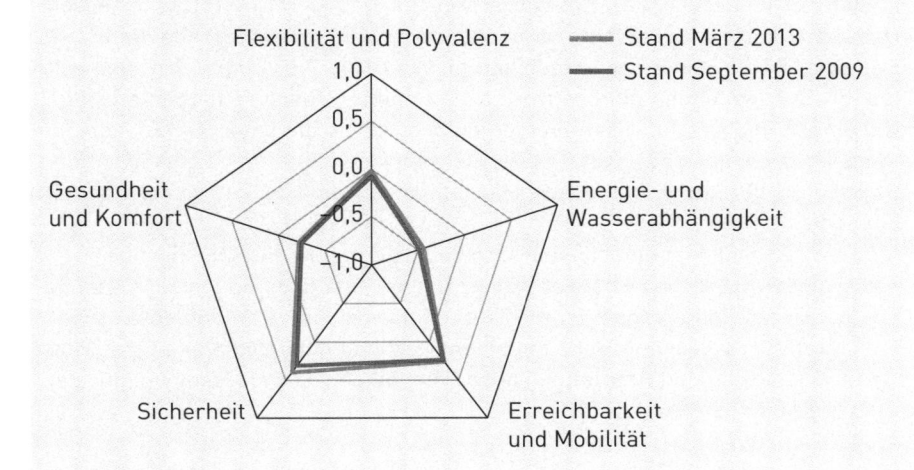

Erkenntnisse und Folgerungen:
Rund zwei Drittel der Liegenschaften des Ifca-Portfolios weisen ein Baujahr zwischen 1960 und 1970 auf. Es zeigt sich, dass das Portfolio bezüglich Erreichbarkeit, Mobilität und Sicherheit überdurchschnittlich ist. Bei der Energie- und Wasserabhängigkeit sowie bei Gesundheit und Komfort bestehen noch Verbesserungspotenziale, welche im anstehenden Sanierungszyklus, d.h. in den nächsten fünf bis zehn Jahren, ausgeschöpft werden sollen.

Einbezogene Grundlagen:
ESI-Indikator (Version 2009).

5 Der Markt für nachhaltige Immobilien[31]

In den vorangehenden Kapiteln haben wir gezeigt, wie Nachhaltigkeit von Immobilien erfasst und zur Beurteilung von Risiken in individuelle Investitionsentscheidungen integriert werden kann. In diesem Kapitel befassen wir uns nun noch mit der Frage, wie der Markt Nachhaltigkeit bewertet. Lässt sich empirisch eine Zahlungsbereitschaft für nachhaltige Immobilien nachweisen? Welche Immobilienmerkmale beeinflussen den Preis oder die Erträge von Immobilien wie stark? Im Folgenden werden Methoden zur Ermittlung der Zahlungsbereitschaft erläutert und Resultate für die Schweiz (und internationale Resultate, wo solche für die Schweiz fehlen) aufgezeigt.

5.1 Methoden zur Ermittlung der Zahlungsbereitschaft

Für die Ermittlung der Zahlungsbereitschaft stehen im Wesentlichen zwei Methoden zur Verfügung.

Ein erster Ansatz basiert auf hedonischen Modellen. Hedonische Modelle gehen davon aus, dass eine Immobilie ein Paket von verschiedenen Liegenschafts- und Lagemerkmalen darstellt, welche deren Wert bzw. Mieterträge bestimmen. Das durchschnittliche Ausmass des Einflusses einzelner Merkmale auf effektive Transaktionen bzw. Mieten wird mit statistischen Regressionsanalysen ermittelt.

Der Vorteil dieser Methode liegt darin, dass sie auf Marktdaten, also effektiven Transaktionen und Mietverträgen aufbaut. Damit statistisch signifikante Resultate gewonnen werden, sind allerdings vergleichsweise viele Daten notwendig. Die Anforderung einer breiten Datenbasis ist in der Schweiz, wo Immobilienmarktdaten Mangelware sind, eine beachtliche Hürde. Die hedonische Methode kommt deshalb heute in der Schweiz v.a. für die Bewertung von Einfamilienhäusern zum Einsatz. Kritisiert wird, dass die Resultate aufgrund von Korrelationen zwischen den Variablen verzerrt oder aufgrund zu kleiner Stichproben wenig robust sein können. Schliesslich können die Resultate auch durch die Auswahl der Gebäude verzerrt sein.

---

[31] Dieses Kapitel baut auf der Synthesearbeit von Christian Bächinger (wissenschaftlicher Mitarbeiter am CCRS) auf.

Die Zahlungsbereitschaft kann auch mittels Befragungen erhoben werden. Marktteilnehmende werden dazu befragt, ob sie bereit sind, für nachhaltige Immobilien bzw. für einzelne Nachhaltigkeitsmerkmale mehr zu bezahlen und wenn ja, wie viel mehr. In einigen Studien wird dazu die Methode der geäusserten Präferenzen («stated preferences») verwendet. Diese Methode ist eine Art der Befragung, bei welcher Probanden Liegenschaften oder Wohnungen mit unterschiedlichen Eigenschaften vorgelegt werden und die Zahlungsbereitschaft für gewisse Immobilienmerkmale anhand ihrer Entscheidungen für oder gegen bestimmte Liegenschaften ermittelt wird. Diese Methode hat den Vorteil, dass alle zu untersuchenden Eigenschaften berücksichtigt und quasi unter Laborbedingungen Tests durchgeführt werden können.

Die durch Befragungen ermittelte Zahlungsbereitschaft ist allerdings weniger verlässlich als die Ergebnisse von hedonischen Modellen, da sie sich nur auf Absichten und nicht auf effektive Transaktionen bzw. effektive Mietverträge abstützt. Dies kann zu anderen Ergebnissen führen. Im Folgenden werden deshalb, soweit möglich, Erkenntnisse aus hedonischen Studien präsentiert. Nur dort, wo solche fehlen, wird auf Befragungen zurückgegriffen.

5.2 Zahlungsbereitschaft für Nachhaltigkeitsmerkmale

Umfassende Studien, welche zeigen, wie stark sich verschiedene Immobilienmerkmale auf die realisierten Transaktionspreise oder Mieterträge auswirken, fehlen in der Schweiz. Die fehlende Transparenz im Schweizer Immobilienmarkt ist eine Folge davon, dass – im Unterschied zum angelsächsischen Raum – gesetzliche Grundlagen zur Offenlegung von Daten zu Transaktionen und Mieten fehlen. Es gibt allerdings Studien, welche den Einfluss ausgewählter Immobilienmerkmale auf tatsächliche Transaktionspreise bzw. erzielte Mieten untersuchen. Erkenntnisse aus solchen Studien fügen sich teilchenweise zu einem Bild zusammen. Das Bild zeigt eine Bereitschaft des Marktes, für nachhaltige Immobilien einen Aufpreis zu zahlen. Bei Wohnliegenschaften ist diese Erkenntnis auf hedonische Studien abgestützt, die Mietwohnungen, Stockwerkeigentum oder Einfamilienhäuser untersuchen. Entsprechende Studien, welche den Einfluss bei Büro-, Verkaufs- oder Gewerbeliegenschaften untersuchen, fehlen heute noch. Befragungen weisen aber auch hier auf eine Zahlungsbereitschaft hin.

5.2.1 Wohnliegenschaften

Im Folgenden werden die wichtigsten Erkenntnisse zur Zahlungsbereitschaft für Nachhaltigkeitsmerkmale bei Wohnliegenschaften – gegliedert nach den ESI-Nachhaltigkeitsmerkmalen – zusammengefasst (siehe Tabelle 8 mit Quellenangaben). Sie sind soweit wie möglich auf schweizerische Daten und Studien abgestützt. Wo solche fehlen, werden ausländische Studien beigezogen – im Bewusstsein, dass sich Resultate aus anderen Ländern nur beschränkt auf die Schweiz übertragen lassen.

Flexibilität und Polyvalenz
Untersuchungen zum Einfluss von Flexibilität und Polyvalenz liegen kaum vor. In der Schweiz wurde in zwei Studien die vertikale Erschliessung in hedonische Modelle integriert. Es zeigte sich, dass das Vorhandensein eines Lifts die Transaktionspreise von Stockwerkeigentum um 1 Prozent und die Wohnungsmieten um 2 Prozent erhöht, unabhängig davon, ob es sich um einen rollstuhlgängigen oder nicht rollstuhlgängigen Lift handelt. Eine US-Fallstudie zeigt anhand der Optionswertmethode, dass der Wert einer Immobilie in Chicago durch die Fähigkeit, zwischen verschiedenen Nutzungen wechseln zu können, um 5,3 bis 6,1 Prozent steigt.

Ressourcenverbrauch und Treibhausgase
Der Einfluss des eigentlichen Ressourcenverbrauchs einer Immobilie auf Transaktionspreise und Mieten wurde in der Schweiz nicht systematisch untersucht. Verschiedene Studien zeigen aber, dass MINERGIE-zertifizierte Wohngebäude höhere Mieten und Transaktionspreise erzielen. Die zum Teil etwas höheren Erstellungskosten werden also vom Markt abgegolten. Für Einfamilienhäuser wurden bei Transaktionen im Schnitt (je nach Studie) 7 Prozent bzw. 3,5 Prozent höhere Preise erzielt. Bei Stockwerkeigentum waren die Transaktionspreise durchschnittlich 3,5 Prozent höher bzw. gleich hoch. Für MINERGIE-zertifizierte Wohnungen wurden auch höhere Mieten erzielt. Der Aufpreis beträgt je nach Studie 6 Prozent bzw. 6,5 Prozent. Da die höhere Zahlungsbereitschaft für MINERGIE auch im gesteigerten Komfort usw. begründet sein dürfte, lassen sich die Aufpreise nicht eins zu eins auf den tieferen Heizwärmebedarf zurückführen. Trotzdem kann aus den Resultaten eine gewisse Zahlungsbereitschaft für Gebäude mit tiefem Heizwärmebedarf herausgelesen werden.

Tabelle 8: Zahlungsbereitschaft für Nachhaltigkeitsmerkmale bei Wohnliegenschaften im Überblick.

Nachhaltigkeitsmerkmal	Land	Methode	Flächenart	Unabhängige Variable	Prämie Mieten	Prämie Transaktionspreise	Quelle
Flexibilität und Polyvalenz							
Nutzungsflexibilität	USA	Fallstudie	Allgemein	Fähigkeit, zwischen Nutzungen zu wechseln	–	+5,3 –6,1 %	Loomis (2003)
Nutzerflexibilität	Schweiz	hedonisch	Wohnen	Vorhandensein Lift	+2 %	–	Müri, Rappl & Bröhl (2011)
	Schweiz	hedonisch	Wohnen (STWE)	Vorhandensein Lift	+1 %	–	Rappl & Bröhl (2012)
Ressourcenverbrauch und Treibhausgase							
Energie und Treibhausgase	Schweiz	hedonisch	Wohnen (EFH)	Vorhandensein MINERGIE-Label	–	+7 %	Salvi, Horehajova & Müri (2008)
	Schweiz	hedonisch	Wohnen (STWE)	Vorhandensein MINERGIE-Label	–	+3,5 %	Salvi, Horehajova & Müri (2008)
	Schweiz	hedonisch	Wohnen	Vorhandensein MINERGIE-Label	+6 %	–	Salvi, Horehajova & Neeser (2010)
	Schweiz	hedonisch	Wohnen (EFH)	Vorhandensein MINERGIE-Label	–	+4,9 %	Wüest & Partner (2011)
	Schweiz	hedonisch	Wohnen (STWE)	Vorhandensein MINERGIE-Label	–	0 %	Wüest & Partner (2011)
	Schweiz	hedonisch	Wohnen	Vorhandensein MINERGIE-Label	+6,5 %	–	Wüest & Partner (2011)

5.2 Zahlungsbereitschaft für Nachhaltigkeitsmerkmale

Nachhaltigkeitsmerkmal	Land	Methode	Flächenart	Unabhängige Variable	Prämie Mieten	Prämie Transaktionspreise	Quelle
Wasser	–						
Baumaterialien	–						
Standort und Mobilität							
Öffentlicher Verkehr	Schweiz	hedonisch	Boden unbebaut	Distanz zu wichtigerer S-Bahn-station	–	Abnahme Distanz von 3000 m auf 2000 m: +3 %	Kubli et al. (2008)
				Distanz zu wichtigerer S-Bahnsta-tion	–	Abnahme Distanz von 2000 m auf 1000 m: +5 %	Kubli et al. (2008)
Nicht motorisierter Verkehr	–						
Standort	Schweiz	hedonisch	Wohnen	Reisezeit zu Grosszentrum in Min.	-0,5 %	–	Müri, Rappl & Bröhl (2011)
	Schweiz	hedonisch	Wohnen	Distanz Grünfläche < 100 m	+0,4 %	–	Müri, Rappl & Bröhl (2011)
	Schweiz	hedonisch	Wohnen (STWE)	Reisezeit zu Grosszentrum in Min.	–	-0,1 %	Rappl & Bröhl (2012)
	Schweiz	hedonisch	Wohnen (STWE)	Distanz Grünfläche < 100 m	–	nicht signifikant	Rappl & Bröhl (2012)
Sicherheit							
Lage hinsichtlich Naturgefahren	Diverse	Metastudie	Wohnen	Wahrscheinlichkeit für Überflutung	–	-0,06 % pro Prozent Veränderung der Wahrscheinlichkeit einer Überflutung	Beltran (2013)

Nachhaltigkeitsmerkmal	Land	Methode	Flächenart	Unabhängige Variable	Prämie Mieten	Prämie Transaktionspreise	Quelle
	Diverse	Literaturübersicht	Wohnen	Lage mit Überflutungsgefahr	–	–6 % (+15 bis –21 %)	Beltran (2013)
	Diverse	Metastudie	Wohnen	Lage mit Überflutungsgefahr	–	–3,7 % (–4,5 bis –2,8 %)	Beltran (2013)
	Belgien	Expertenbefragung	Wohnen	Erdrutschgefahr	–	–5 %	Vranken et al. (2013)
	US-Ostküste	theoretisches Modell	Wohnen	Anstieg Meeresspiegel / Zunahme Erosion	–	abnehmend	McNamara & Keeler (2013)
Bauliche Sicherheitsvorkehrungen	–						

Gesundheit und Komfort

Raumluftqualität	–						
Lärm	Schweiz	hedonisch	Wohnen	Lärm (dB über Grenzwert)	–0,3 bis 0,6 %	–	Banfi, Filippini & Horehajova (2007)
	Schweiz	hedonisch	Wohnen	Lärm (dB über Grenzwert)	–0,19 %	–	Müri, Rappl & Bröhl (2011)
	Schweiz	hedonisch	Wohnen	Lärm (dB über Grenzwert)	–0,17 bis 0,5 %	–	Müri, Rappl & Bröhl (2011)
	Schweiz	hedonisch	Wohnen	Nähe Bahnlinie	–1,8 %	–	Müri, Rappl & Bröhl (2011)

5.2 Zahlungsbereitschaft für Nachhaltigkeitsmerkmale

Nachhaltigkeitsmerkmal	Land	Methode	Flächenart	Unabhängige Variable	Prämie Mieten	Prämie Transaktionspreise	Quelle
	Schweiz	hedonisch	Wohnen (STWE)	Nähe Bahnlinie	–	–3,9 %	Rappl & Bröhl (2012)
	Schweiz	hedonisch	Wohnen (STWE)	Strassenlärm (dB über Grenzwert)	–	–0,59 %	Rappl & Bröhl (2012)
	Schweiz	hedonisch	Wohnen (STWE)	Bahnlärm (dB über Grenzwert)	–	–0,47 %	Rappl & Bröhl (2012)
Tageslichtanteile	–						
Strahlenbelastung	Schweiz	hedonisch	Wohnen	Nähe zu Handyantennen	–1,8 %	–	Banfi, Filippini & Horehajova (2007)
	Schweiz	hedonisch	Wohnen	Distanz Hochspannungsleitung < 150 m	–3,1 %	–	Müri, Rappl & Bröhl (2011)
	Schweiz	hedonisch	Wohnen (STWE)	Distanz Hochspannungsleitung < 150 m	–	–5,1 %	Rappl & Bröhl (2012)
	Stockholm, Schweden	hedonisch	Wohnen	Radonbelastung > 400 Bq/m^3	–	–6,1 %	Winstrand (2007)
Baumaterialien	–						
Altlasten	–						

Quelle: eigene Darstellung.

Ausländische Studien zu Energiekennzahlen kommen zu ähnlichen Ergebnissen. Sie zeigen einen signifikanten positiven Einfluss der Energieeffizienz auf die Miet- und Transaktionspreise. In Darmstadt sind die Mieten um durchschnittlich 0,38 EUR/m² im Monat bzw. 0,50 EUR/m² im Monat höher, wenn der Primärenergiekennwert unter 250 bzw. 175 kWh/m²a liegt. Untersuchungen für die Stadt Nienburg zeigen, dass die Transaktionspreise für Einfamilienhäuser pro reduzierte kWh-Energie um 140 EUR/m² steigen. Für Süddeutschland wurde ermittelt, dass die Mieten um 0,08 Prozent bzw. die Transaktionspreise um 0,45 Prozent abnehmen, wenn der Energieverbrauch um 1 Prozent zunimmt.

Standort und Mobilität
Der Einfluss von Standort und Mobilität auf die Zahlungsbereitschaft ist relativ gut erforscht. Betreffend Standort zeigen Studien für die Schweiz, dass die Mieten einer Wohnung mit jeder zusätzlichen Minute Reisezeit ins Zentrum um 0,5 Prozent bzw. die Preise für Stockwerkeigentum mit jeder zusätzlichen Minute Reisezeit ins Zentrum um 0,1 Prozent abnehmen. Eine Studie aus dem Kanton Zürich ermittelte mit einem hedonischen Modell den Einfluss der Erschliessung mit dem öffentlichen Verkehr auf den Wert von unbebautem Land. Sie zeigt, dass der Wert von unbebautem Land um 3 Prozent steigt, wenn die Distanz zur nächsten wichtigeren S-Bahn-Station von 3 Kilometer auf 2 Kilometer abnimmt respektive um 5 Prozent steigt, wenn die Distanz zur nächsten wichtigeren S-Bahn-Station von 2 Kilometer auf 1 Kilometer abnimmt. Die Mieten von Wohnungen, welche weniger als 100 Meter von grösseren Grünflächen entfernt sind, sind durchschnittlich um 0,4 Prozent höher, während bei den Preisen von Stockwerkeigentum kein signifikanter Zusammenhang festgestellt wurde.

Sicherheit
Zum Einfluss von Sicherheitsaspekten auf die Zahlungsbereitschaft für Immobilien liegen in der Schweiz keine Arbeiten vor. Für England ist bekannt, dass die Preise von Wohnraum durchschnittlich um 6 Prozent tiefer sind, wenn ein Risiko von Überflutungen besteht bzw. dass die Preise mit jeder 1-prozentigen Erhöhung des Überflutungsrisikos um 0,06 Prozent abnehmen. In Belgien schätzen Experten, dass Häuser in erdrutschgefährdeten Gebieten mit Abschlägen von 5 Prozent gehandelt werden.

Gesundheit und Komfort
Eine Studie aus der Schweiz zeigt, wie sich Lärmimmissionen, die Nähe zu Mobilfunkantennen und die Nähe zu Hochspannungsleitungen auf Mieten und Transaktionspreise auswirken. Lärmimmissionen senken die Mieten von Wohnungen um 0,17 bis 0,6 Prozent und die Preise von Stockwerkeigentum um 0,47 bis 0,59 Prozent pro Dezibel über dem Grenzwert. Die Mieten von Wohnungen in der Nähe von Bahnlinien sind durchschnittlich um 1,8 Prozent und die Preise von Stockwerkeigentum durchschnittlich um 3,9 Prozent tiefer als bei Gebäuden, die nicht an der Bahnlinie liegen. Die Nähe zu Mobilfunkantennen reduziert die Mieten von Wohnungen um durchschnittlich 1,8 Prozent. Die Nähe zu Hochspannungsleitungen reduziert die Mieten von Wohnungen um 3,1 Prozent und die Preise von Stockwerkeigentum um 5,1 Prozent. Betreffend Radonbelastung zeigt eine Studie aus Schweden, dass die Transaktionspreise von Wohnraum mit einer Radonbelastung über 400 Becquerel pro Kubikmeter um durchschnittlich 6,1 Prozent tiefer sind als Wohnraum ohne erhöhte Radonbelastung.

5.2.2 Geschäftsliegenschaften

In der Schweiz fehlen auf hedonischen Modellen beruhende Ergebnisse zur Zahlungsbereitschaft bei Geschäftsliegenschaften. Die folgenden Überlegungen stützen sich auf Erkenntnisse aus einer Befragung von grossen Unternehmen in der Schweiz (über 250 Mitarbeiter) zu ihren selbstgenutzten Immobilien (Betriebsimmobilien).[32] Sie zeigt, dass die Unternehmen bereit sind, für Nachhaltigkeitsmerkmale im Durchschnitt einen Aufpreis von 4,8 Prozent beim Kauf bzw. 3,0 Prozent bei der Miete von Geschäftsliegenschaften zu zahlen (Kuprecht 2013).

Auch wenn die absoluten Zahlen mit Vorsicht zu interpretieren sind (da es sich lediglich um eine erklärte und nicht um eine tatsächliche Zahlungsbereitschaft handelt), zeigen sich interessante relative Erkenntnisse: Die Zahlungsbereitschaft ist beim Kauf höher als bei Miete. Diese Differenzierung hat sich über die Zeit von 2009 bis 2012 (je eine Befragung pro Jahr) verstärkt (siehe Abbildung 13). Die Abbildung zeigt zudem, dass bei Kaufentscheidungen der Anteil der Unter-

---

32 Der Corporate Real Estate and Sustainability Survey (CRESS) wurde von 2009 bis 2012 als Vollerhebung bei den rund 1100 Unternehmen mit 250 oder mehr Mitarbeitenden in der Schweiz sowie mit einer Zufallsstichprobe aus den rund 5500 mittleren Unternehmen mit 50 bis 249 Mitarbeitenden durchgeführt.

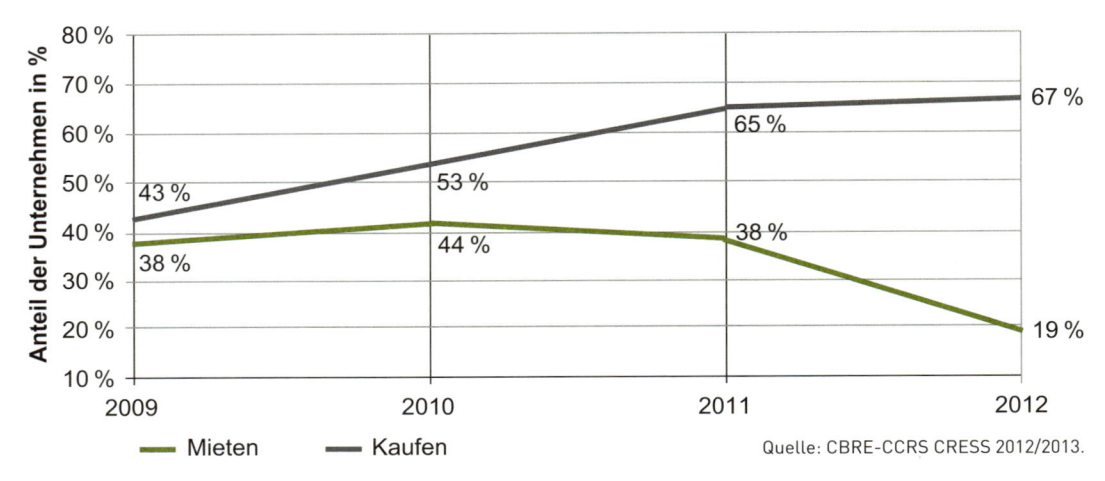

Abbildung 13: Entwicklung der Verbreitung der Zahlungsbereitschaft.
Abgebildet ist der Anteil der Unternehmen, welche bei Kauf- oder Mietentscheidungen auf Nachhaltigkeit achten und einen Aufpreis dafür zu zahlen bereit sind.

nehmen, die für Nachhaltigkeitsqualitäten einen Mehrpreis zahlen würden, über die Zeit zugenommen hat. Interessant ist die rückläufige Zahlungsbereitschaft bei Mieten. Das ist möglicherweise darauf zurückzuführen, dass die Vorteile von Nachhaltigkeitsmerkmalen langfristig noch stärker ins Gewicht fallen und die Zahlungsbereitschaft deshalb bei langfristig orientierten Investitionsentscheidungen – wie Kaufentscheidungen – stärker ausgeprägt ist als bei zeitlich weniger lang bindenden Mietentscheidungen. Möglich ist aber auch, dass Nachhaltigkeitsqualitäten bei Mietobjekten zunehmend als Standard betrachtet werden und das Fehlen solcher Merkmale mit der Zeit sogar durch einen Abschlag bestraft werden könnte.

Interessant ist, dass die Zahlungsbereitschaft nach Nutzungstyp variiert (siehe Abbildung 14). Rund die Hälfte (52%) der Unternehmen geben an, dass sie bei Büroimmobilien einen Aufpreis für Nachhaltigkeit zu zahlen bereit sind. Bei Verkaufsliegenschaften ist eine Zahlungsbereitschaft bei gut einem Drittel (38%) der Unternehmen vorhanden. Der Unterschied ist möglicherweise darauf zurückzuführen, dass von nachhaltigen Büroimmobilien positive Impulse für die Arbeitsproduktivität erwartet werden und/oder dass bei Büroimmobilien Reputationsgründe stärker für Nachhaltigkeit sprechen.

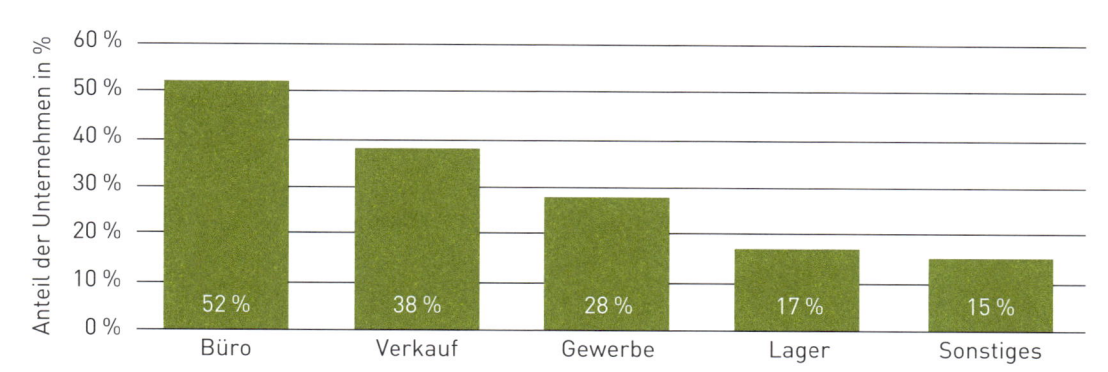

5.2 Zahlungsbereitschaft für Nachhaltigkeitsmerkmale

Frage: «Welchen Stellenwert hat Nachhaltigkeit für Sie bei Miet-/Kaufentscheidungen für folgende Nutzungstypen?»
Auswertung der Antwort: «Unternehmen achtet auf Nachhaltigkeit und ist bereit, dafür mehr zu zahlen.»

Quelle: CBRE/CCRS – CRESS 2011/2012.

Abbildung 14: Verbreitung der Zahlungsbereitschaft nach Nutzungstyp.

Unterschiede zeigen sich auch bei verschiedenen Nachhaltigkeitsmerkmalen (siehe Abbildung 15). Rund die Hälfte der Unternehmen ist bereit, für Erreichbarkeit und Mobilität, Flexibilität und Polyvalenz, Energie- und Wasserunabhängigkeit sowie für Gesundheit und Komfort mehr zu bezahlen. Beim Thema «Sicherheit» ist die Zahlungsbereitschaft weniger häufig festzustellen (34 %).

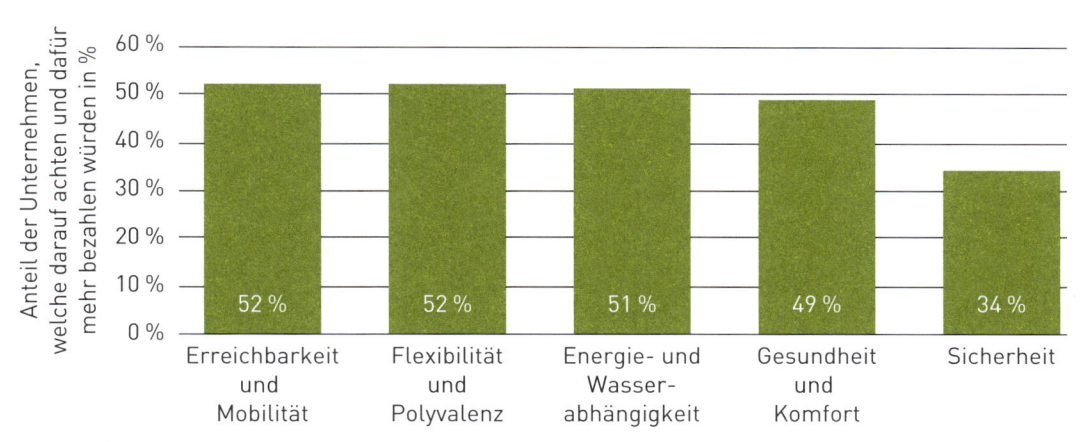

Frage: «Angenommen, Sie stehen vor dem Entscheid, eine Liegenschaft zu mieten, zu kaufen oder zu sanieren: Welchen Stellenwert haben für Sie die folgenden Nachhaltigkeitsmerkmale?»

Quelle: CBRE/CCRS – CRESS 2010.

Abbildung 15: Verbreitung der Zahlungsbereitschaft nach Nachhaltigkeitsmerkmal.

5.2.3 Nachhaltigkeitslabels

Studien zur Zahlungsbereitschaft für zertifizierte Gebäude beurteilen nicht die effektive Ausprägung einzelner Nachhaltigkeitsmerkmale (z. B. Heizwärmebedarf), sondern untersuchen, ob und wie sich die Zahlungsbereitschaft für Gebäude mit Nachhaltigkeits- oder Energiezertifikat im Vergleich zu nicht zertifizierten Gebäuden unterscheidet (siehe Tabelle 9).

Das MINERGIE-Label ist in der Schweiz weitverbreitet und deshalb auch relativ gut untersucht. Studien zeigen, dass Einfamilienhäuser (EFH) mit MINERGIE-Zertifikaten (MINERGIE-Labels) in der Schweiz je nach Studie im Durchschnitt zu um 4,9 Prozent bzw. 7 Prozent höheren Preisen gehandelt werden. Die Transaktionspreise entsprechender Wohnungen sind bis 3,5 Prozent höher. Wohnungen mit MINERGIE-Zertifikaten erzielen 6 Prozent bzw. 6,5 Prozent höhere Mieterträge. Ausländische Studien zum Energy Star Label bzw. zu Energiekennzahlen kommen zu vergleichbaren Ergebnissen.

Der neue «Standard Nachhaltiges Bauen Schweiz» (SNBS) befindet sich noch in einer Pilotphase. Ein Zertifizierungssystem und ein entsprechendes Label fehlen noch. Deshalb sind Untersuchungen über die Zahlungsbereitschaft noch nicht möglich. Wenn bisher Bauherrschaften, Investoren oder Mieter ein Nachhaltigkeitslabel verlangt haben, wurden Gebäude meist anhand des LEED-Standards, vereinzelt auch nach dem DGNB und dessen Schweizer Ausprägung, dem SGNI, zertifiziert. Insgesamt ist die Zahl der mit einem Nachhaltigkeitslabel zertifizierten Gebäude in der Schweiz jedoch noch zu gering, um verallgemeinerbare Aussagen zur Zahlungsbereitschaft zu gewinnen.

Studien im Ausland zeigen, dass eine Zahlungsbereitschaft für Nachhaltigkeitslabels besteht. In den USA erzielen LEED-zertifizierte Büros 2,9 Prozent bis 18 Prozent höhere Mieten, 10 bis 25 Prozent höhere Transaktionspreise, 8 Prozent höhere Belegungsraten und 6 bis 9 Prozent höhere effektive Mieten. LEED-zertifizierte Wohnungen in den USA werden zu 2 bis 5 Prozent bzw. 5,8 bis 21,1 Prozent höheren Transaktionspreisen gehandelt. Einzelne Studien haben aber auch keine signifikanten Zusammenhänge zwischen einer LEED-Zertifizierung und den erwähnten Kennzahlen identifiziert. Interessant ist, dass in keiner der vorliegenden Arbeiten signifikante negative Zusammenhänge festgestellt wurden.

Auch bei anderen Nachhaltigkeitslabels sind überwiegend positive Zusammenhänge aufgezeigt worden. So werden mit dem Green Mark zertifizierte Wohnflächen in Singapur um 1 bis 15 Prozent und

Tabelle 9: Zahlungsbereitschaft für Nachhaltigkeitslabels im Überblick.

Land	Methode	Flächenart	Prämie Mieten	Prämie Transaktionspreise	Andere Kennzahl	Quelle
MINERGIE						
Schweiz	Hedonisch	EFH	–	+7 %	–	Salvi, Horehajova & Müri (2008)
	Hedonisch	EFH	–	+4,9 %	–	Wüest & Partner (2011)
	Hedonisch	Wohnungen	–	+3,5 %	–	Salvi, Horehajova & Müri (2008)
	Hedonisch	Wohnungen	–	0 %	–	Wüest & Partner (2011)
	Hedonisch	Wohnungen	+6 %	–	–	Salvi, Horehajova & Neeser (2010)
	Hedonisch	Wohnungen	+6,5 %	–	–	Wüest & Partner (2011)
LEED						
USA	Hedonisch	Büros	+2,9 %	–	–	Reichardt, Fuerst, Rottke & Zietz (2012)
	Hedonisch	Büros	+15-18 %	–	–	Wiley, Benefield & Johnson (2010)
	Hedonisch	Büros	–	+10 %	–	Millery, Spivey & Florance (2007/2008)
	Hedonisch	Büros	–	+25 %	–	Fuerst & McAllister (2011)
	Hedonisch	Büros	–	–	Belegungsrate: +8 %	Fuerst & McAllister (2010)
	Hedonisch	Büros	–	–	Effektive Mieten: +6 %	Eichholtz, Kok & Quigley (2011)
	Hedonisch	Büros	–	–	Effektive Mieten: +9 %	Eichholtz, Kok & Quigley (2010)
	Hedonisch	EFH	–	+2-5 %	–	Kahn & Kok (2013)

Land	Methode	Flächenart	Prämie Mieten	Prämie Transaktionspreise	Andere Kennzahl	Quelle
	Hedonisch	Wohnungen	-	+5,8-21,1 %	-	Yang (2013)
Green Mark						
Singapur	Hedonisch	EFH	-	+1-15 %	-	Deng, Yongheng, Zhiliang & Quigley (2012)
HK-BEAM / HK-GBC						
Hongkong	Hedonisch	EFH	-	+3,5-6,6 %	-	Jayantha & Man (2013)
Tokyo Green Label						
Japan	Hedonisch	MFH	-	-6-11 %	-	Yoshida & Sugiura (2010)

Quelle: eigene Darstellung.

mit BEAM zertifizierte Wohnflächen in Hongkong um 3,5 Prozent bis 6,6 Prozent höher gehandelt. Nur eine einzige Ausnahme weist für Tokio auf einen negativen Zusammenhang zwischen dem Green Label und den Transaktionspreisen hin: Zertifizierte Wohnflächen werden dort um 6 bis 11 Prozent günstiger gehandelt. Die Autoren führen dies auf Unsicherheiten im Zusammenhang mit den verwendeten innovativen Technologien zurück.

Schlusswort

Die Auffassung, dass Nachhaltigkeit Immobilien verteure und dadurch die Rendite schmälere, ist heute noch weitverbreitet. Diese Betrachtungsweise ist allerdings einäugig, denn sie blendet die Risiken künftiger Kostenerhöhungen und Ertragsminderungen aus. Das ist zwar erklärbar, fehlt doch heute ein zweckmässiges Risikomass. Falsch ist es trotzdem.

Mit unseren Arbeiten haben wir erkannt, dass Nachhaltigkeit eine Grundlage für ein vernünftiges Risikomass sein kann, das mit dem Economic Sustainability Indicator zweckmässig operationalisiert wird. Das zeigen wir in diesem Buch. Unsere Vision ist der systematische Einbezug von Nachhaltigkeit entlang des gesamten Lebenszyklus von Immobilien – ohne aufreibende Schnittstellen, ohne aufwendige Beratung, ohne Kompatibilitätsprobleme und ohne Unsicherheit darüber, ob der gewählte Nachhaltigkeitsansatz auch in fünf oder zehn Jahren noch aktuell und tauglich ist.

Der ESI-Indikator ist wissenschaftlich fundiert und gleichzeitig so einfach, dass er ohne grossen Aufwand im Alltag angewandt werden kann. Die Praxisbeispiele bestätigen das. Darauf haben wir in den letzten zehn Jahren hingearbeitet und daran arbeiten wir weiter.

Anhang I

Tabelle 10: Codierungen für die ESI-Indikatoren im Überblick.

Teilindikatoren	Codierung BÜRO	Codierung VERKAUF *	Codierung MFH
1.1 Nutzungsflexibilität			
1.1.1 Raumeinteilung	Freie Raumeinteilung mit kleinen baulichen Eingriffen möglich (separate Trag- und Trennstruktur, Grundriss lässt freie Raumeinteilung sinnvoll zu, Leichtbausystem) = 1, freie Raumeinteilung nur mit grossen baulichen Eingriffen möglich = 0, fixe Raumeinteilung = -1	Freie Raumeinteilung mit kleinen baulichen Eingriffen möglich (separate Trag- und Trennstruktur, Grundriss lässt freie Raumeinteilung sinnvoll zu, Leichtbausystem und Achsenabstand 6-8 m) = 1, freie Raumeinteilung nur mit grossen baulichen Eingriffen möglich = 0, fixe Raumeinteilung = -1	Freie Raumeinteilung mit kleinen baulichen Eingriffen möglich = 1, freie Raumeinteilung nur mit grossen baulichen Eingriffen möglich = 0, fixe Raumeinteilung = -1
1.1.2 Geschosshöhe	Geschosshöhe (OK-OK) > 3,7 m = 1, 3,5 m – 3,7 m = 0, < 3,50 m = -1 *****	Geschosshöhe (OK-OK) > 4,5 m = 1, 4,0 m – 4,5 m = 0, < 4,0 m = -1	Geschosshöhe (OK-OK) > 2,74 m = 1, 2,54 m – 2,74 m = 0, < 2,54 m = -1
1.1.3 Zugänglichkeit Kabel / Leitungen / Haustechnik	Guter Zugriff (Schächte vorhanden, Zugriff auf Schächte ohne baul. Eingriff möglich = 1, mittlerer Zugriff (Schächte vorhanden, aber baul. Mass. für Zugriff = 0, schlechter Zugriff (keine Schächte vorhanden bzw. einbetoniert) = -1		
1.1.4 Reservekapazität Kabel / Leitungen / Haustechnik	Kriterien sind (a) Schächte mit Reservekapazität für weitere Leitungen, (b) genügend Platz im Technikraum für Systemwechsel. Beides erfüllt = 1, ein Kriterium erfüllt = 0, kein Kriterium erfüllt = -1		
1.2 Nutzerflexibilität			
1.2.1 Vorhandensein (rollstuhlgängiger) Lift für alle Stockwerke, sofern mehrgeschossig	Rollstuhlgängiger Lift vorhanden = 1, nicht rollstuhlgängiger Lift vorhanden = 0, kein Lift vorhanden = -1		
1.2.2 Überwindbare Höhendifferenzen innen und aussen	Mit Rollstuhl oder Gehhilfe überwindbare Höhendifferenzen = 1, nachträglich anpassbar = 0, nachträglich nicht anpassbar = -1		

I. Flexibilität und Polyvalenz

1. Flexibilität und Polyvalenz

1.2.3 Genügend breite Türen		Türen breiter ≥ 80 cm = 1, Türen < 80 cm und mit geringem baulichen Aufwand nachträglich anpassbar = 0, Türen < 80 cm und mit grossem baulichen Aufwand nachträglich anpassbar (z. B. aufgrund tragender Wand) = -1 *Anmerkung*: Unter Einhaltung der SIA 500 (2009) Hindernisfreie Bauten, 3.3 Türen, Fenstertüren und Durchgänge
1.2.4 Genügend breite Korridore		Breite der Korridore > 1,20 m = 1, Korridore = 1,20 m = 0, Korridore < 1,20 m = -1 *Anmerkung*: Unter Einhaltung der SIA 500 (2009) Hindernisfreie Bauten, 3.4 Korridore, Wege und Bewegungsflächen
1.2.5 Sanitärräume rollstuhlgängig		Pro Geschoss ein rollstuhlgängiger Sanitärraum (und mit einem Rollstuhl zugänglich) = 1, mind. ein rollstuhlgängiger Sanitärraum im ganzen Gebäude vorhanden (und mit einem Rollstuhl zugänglich) = 0, kein rollstuhlgängiger Sanitärraum vorhanden = -1 (rollstuhlgängig = LxB min ≥ [1,80 m × 1,65 m])	Mind. 50% der Wohnungen haben einen rollstuhlgängigen Sanitärraum (und sind mit einem Rollstuhl zugänglich) = 1, mind. 10% der Wohnungen bzw. MFH mit weniger als 10 Mieteinheiten haben einen rollstuhlgängigen Sanitärraum (und sind mit einem Rollstuhl zugänglich) = 0, kein rollstuhlgängiger Sanitärraum vorhanden = -1
1.2.6. Flexibilität Grundriss Küche		---	Offene Küche (Wendefläche = min. 1,40 × 1,70 m) = 1, Vergrösserung mit kleinem baul. Aufwand möglich = 0, nicht anpassbar (z. B. gefangen) = -1
1.2.7 Abstellplatz für Gehhilfe / Kinderwagen		---	Platz ja = 1, anpassbar = 0, nicht anpassbar = -1
1.2.8 Nutzbarkeit Aussenraum		--	Gibt es gemeinsam nutzbaren Innen- oder Aussenraum (z. B. Spielplatz, Garten mit Sitzgelegenheiten, Gemeinschaftsräume)? ja = 1, nein = -1

2. Ressourcenverbrauch und Treibhausgase

2.1 Energie und Treibhausgase

Teilindikatoren	Codierung BÜRO	Codierung VERKAUF *	Codierung MFH
2.1.1 Energiebedarf			
2.1.1.1 Heizwärmebedarf in MJ/m²a	60% des Grenzwertes für den Heizwärmebedarf gemäss SIA-Norm 380/1 = 1, 90% = 0.5, Grenzwert eingehalten = 0, Grenzwert >100% aber Standard Musterverordnung Rationelle Energienutzung in Hochbauten 1992 eingehalten (≙ i.d.R. Gebäude mit Baujahr 1992 oder jünger) = -0.5, Grenzwert >100% und Standard Musterverordnung Rationelle Energienutzung in Hochbauten 1992 nicht eingehalten (≙ i.d.R. Gebäude mit Baujahr < 1992) = -1. *Anmerkung MINERGIE-Zertifikate / GEAK:* MINERGIE-P-Neubau 2009 oder GEAK A: Einhaltung von mindestens 60% des SIA-Grenzwerts = 1, MINERGIE-Neubau 2009 oder MuKEn 2008: Einhaltung von mindestens 90% des SIA-Grenzwerts = 0.5, GEAK B: Einhaltung mindestens SIA-Grenzwert = 0, GEAK C und D: Einhaltung mindestens MuKEn 1992 = -0.5, GEAK E, F, G: keine Einhaltung von MuKEn 1992 = -1; SIA-Grenzwerte siehe extra Tabellenblatt. ***		
2.1.1.2 Kühlbedarf	Liegenschaft hat nie Kühlbedarf (nie über 26 °C) = 1, einfache bauliche Eingriffe zur Kühlung möglich (nicht mechanische Kühlung) = 0, bauliche Eingriffe sind nicht möglich oder muss immer gekühlt werden (mechanische Kühlung) = -1		
2.1.2 Nutzung erneuerbarer Energie			
2.1.2.1 Zur Deckung des Wärmebedarfs	Mindestens ≥ 65% der Wärmeerzeugung mittels Sonne, Umgebungs- und Erdwärme = 1, 100% der Wärmeerzeugung mittels Biomasse, Biogas und Fernwärme aus KVA, ARA, Geothermie = 0 oder ≥ 25% und < 65% der Wärmeerzeugung mittels Sonne, Umgebungs- und Erdwärme = 0, alles andere = -1. *Anmerkung*: Hintergrund der Codierung: Unabhängigkeit von Preissteigerungen und Vermeidung von Treibhausgasemissionen.		
2.1.2.2 Zur Deckung des Strombedarfs	Mindestens 25% der Stromerzeugung mittels Wind und Sonne = 1, mindestens 25% der Stromerzeugung mittels Biomasse und Biogas = 0, keine eigene Stromerzeugung (inkl. erneuerbar) = -1, (exkl. Ökostrom) *Anmerkung*: Abonnieren von Ökostrom ist nutzer-, nicht gebäudespezifisch. Abonnement von Ökostrom gewährleistet keine Unabhängigkeit von Strompreissteigerungen.		

2. Ressourcenverbrauch und Treibhausgase

2.2 Wasser

2.2.1 Wasserverbrauch	a) Wassersparende Armaturen und Haushaltsgeräte, b) WC mit kleinen Spülkästen, c) WC mit Stopp(Spar-)tasten. Alle drei Kriterien erfüllt = 1, zwei Kriterien = 0, ein Kriterium oder keines = -1
2.2.2 Niederschlagsentwässerung	Verzögerte Abgabe von anfallendem Niederschlagswasser in die Abwassersysteme und Versickerung des Niederschlagswassers auf dem eigenen Grundstück: Kriterien sind: (a) verzögerte Wasserableitung z.B. über Retentionsbecken, Dachretention (extensive Begrünung) mit Bodensubstrat (Flach und Schrägdach) oder Staukanal, (b) Versickerungen (Schachtversickerung, Versickerungsbecken), (C) Retention über Speichervolumen wie z.B. Zisternen. Zwei Kriterien erfüllt = 1, 1 Kriterien erfüllt = 0, kein Kriterium erfüllt = -1
2.2.3 Regenwassernutzung	Regenwasser wird für WC genutzt = 1, Regenwasser wird nur für Bewässerungssystem genutzt = 0, Regenwasser nicht genutzt = -1 Regenwasser wird für Waschmaschine oder WC genutzt = 1, Regenwasser wird nur für Bewässerungssystem genutzt = 0, Regenwasser wird nicht genutzt = -1

2.3 Baumaterialien

2.3.1 Rezyklierbarkeit Baumaterialien	Keine Verwendung von schwer trennbaren Baustoffen («Verbundbaustoffe», z.B. geklebte Wärmedämmverbundssysteme in der Gebäudehülle; Abklärung vor Ort durch Experten) = 1, sonst keine Beurteilung.

3. Standort und Mobilität

Teilindikatoren	Codierung BÜRO	Codierung VERKAUF *	Codierung MFH

3.1 Öffentlicher Verkehr

Teilindikatoren	Codierung BÜRO	Codierung VERKAUF *	Codierung MFH
3.1.1 Öffentlicher Verkehr	ÖV-Güteklasse gem. VSS Norm 640 290: Liegenschaft liegt in Klasse A und B = 1, Klasse C = 0, Klasse D oder ausserhalb = -1. Suchmaschine (Bundesamt für Raumentwicklung): http://map.are.admin.ch/?lang=de		

3.2. Nicht motorisierter Verkehr

Teilindikatoren	Codierung BÜRO	Codierung VERKAUF *	Codierung MFH
3.2.1 Veloabstellplätze	Anzahl an Abstellplätzen am Gebäude: ≥ 2 AP_F pro Büroliegenschaft (je 100 m² GF) bzw. genug Platz für nachträgliche Erstellung = 1, ≥ 1 AP_F pro Büroliegenschaft (je 100 m² GF) bzw. genug Platz für nachträgliche Erstellung = 0, kein AP_F vorhanden (für Büroliegenschaften je 100 m² GF) bzw. kein Platz für nachträgliche Erstellung vorhanden = -1. *Anmerkung*: AP_F= Abstellplätze für Fahrräder, GF = Geschossfläche nach SIA 416 (2003). Quelle: SIA 416 (2003) Flächen und Volumen von Gebäuden.	Anzahl an Abstellplätzen am Gebäude: ≥ 3 AP_F für Verkaufsliegenschaften (je 100 m² GF) bzw. genug Platz für nachträgliche Erstellung = 1, ≥ 2 AP_F für Verkaufsliegenschaften (je 100 m² GF) bzw. genug Platz für nachträgliche Erstellung = 0, < 2 AP_F für Verkaufsliegenschaften (je 100m² GF) bzw. kein Platz für nachträgliche Erstellung vorhanden = -1. *Anmerkung*: AP_F= Abstellplätze für Fahrräder, GF = Geschossfläche nach SIA 416 (2003). Quelle: SIA 416 (2003) Flächen und Volumen von Gebäuden.	Anzahl an Abstellplätzen am Gebäude: ≥ 2 AP_F pro Wohnung (bis 70 m² GF) / ≥ 3 AP_F pro Wohnung (grösser als 70 m² GF) bzw. genug Platz für nachträgliche Erstellung = 1, ≥ 1 AP_F pro Wohnung (bis 70 m² GF) / ≥ 2 AP_F pro Wohnung (grösser als 70 m² GF) bzw. genug Platz für nachträgliche Erstellung = 0, kein AP_F vorhanden (für Wohnungen bis 70 m² GF) / < 2 AP_F pro Wohnung (grösser als 70 m² GF) bzw. kein Platz für nachträgliche Erstellung = -1. *Anmerkung*: AP_F= Abstellplätze für Fahrräder, GF = Geschossfläche nach SIA 416 (2003). Quelle: SIA 416 (2003) Flächen und Volumen von Gebäuden.

Anhang I

3. Standort und Mobilität

3.3 Standort

3.3.1 Distanz lokales / regionales Zentrum	Distanz ≤ 500 m = 1, >500 und < 800 m = 0, ≥ 800 m = -1	Lokales Zentrum mit Post, Bank usw. ≤ 1000 m = 1, >1000 und ≤ 2000 m = 0, >2000 m = -1
3.3.2 Distanz Einkaufsmöglichkeiten des täglichen Bedarfs	Distanz ≤ 500 m = 1, >500 und < 800 m = 0, ≥ 800 m = -1	≤ 500 m = 1, >500 und ≤ 1000 m = 0, >1000 m = -1
3.3.3 Distanz Naherholung / Grünanlagen	Distanz Areal mit Naturbezug (Park, Grünanlage) ≤ 500 m (≤ ca. 6 min) = 1, >500 m und ≤ 800 m = 0, >800 m = -1	Distanz Areal mit Naturbezug (Park, Wald) ≤ 1000 m = 1, >1000 und ≤ 2000 m = 0, >2000 m = -1
3.3.4 Prestige-Lage / 1A-Lage	Beste Lage = 1, sonst keine Beurteilung z. B. ZKB-Lagerating (Gesamtwert ist 1, Ratingskala 1-7, Makrorating ist 1, Ratingskala 1-10; Mikrorating ist 1, Ratingskala 1-7); Wüest & Partner: Standort- und Marktrating (Rating ist exzellent = 1 bzw. 1.0-1.3, Ratingskala 1-10 bzw. Ratingskala 1.0-5.0); evtl. andere Ratings. Quelle: ZKB-Lagerating, weitere Informationen: http://www.zkb.ch/etc/ml/repository/prospekte_und_broschueren/corporate/studien/218386_ruhe_bitte_pdf.File.pdf; Wüest&Partner: Standort- und Marktrating, weitere Informationen: http://www.wuestundpartner.com/online_services/rating/information/pdf/Methodenbeschrieb.pdf	

4. Sicherheit

4.1 Lage hinsichtlich Naturgefahren

4.1.1 Lage hinsichtlich Naturgefahren (zunehmende Hochwasser-, Lawinen-, Erdrutschgefährdung)	Liegenschaft liegt in roter, blauer Gefahrenzone zuzüglich Radius von 20% = -1, ansonsten = 1 (s. Extra-Tabellenblatt), Gefahrenkarten für alle Kantone bis 2013 http://www.bafu.admin.ch/dokumentation/medieninformation/00962/index.html?lang=de&msg-id=38801

4.2 Bauliche Sicherheitsvorkehrungen

4.2.1 Objektbezogene Sicherheitsvorkehrungen	
4.2.1.1 Objektbezogene Sicherheitsvorkehrungen bez. Hochwasser	Nur bei Hochwassergefährdung ausfüllen: spezielle bauliche Schutzmassnahmen gegen Hochwassergefährdung (z. B. Abdichtung, Sicherung vor Wasserschäden, Sicherung der Lüftung). Ja = 1, nein = -1

Teilindikatoren	Codierung BÜRO	Codierung VERKAUF *	Codierung MFH
4. Sicherheit			
4.2.1.2 Objektbezogene Sicherheitsvorkehrungen bez. Erdbeben		Nur bei Erdbebengefährdung ausfüllen (Zone 3a und b gemäss SIA Norm 261): nach den verschärften SIA-Vorgaben gebaut (i. d. R. Baujahr 1990 oder später bzw. spezielle bauliche Massnahmen bez. Erdbebensicherheit) = 1, ohne spezielle bauliche Massnahmen bez. Erdbebensicherheit (i. d. R. Baujahr vor 1990) = -1; Einstufung Erdbebengefährdung gemäss: http://map.bafu.admin.ch/	
4.2.2 Personenbezogene Sicherheitsvorkehrungen			
4.2.2.1 Beleuchtung / Belichtung		Angemessene Beleuchtung und Belichtung insbesondere bei unübersichtlichen Stellen: ja = 1, anpassbar = 0, nicht anpassbar = -1	
4.2.2.2 Brandschutz		Nur bei Gebäuden mit Baujahr 1985 oder älter ausfüllen: Seit 1985 wurden bedeutende bauliche Sanierungen zur Verbesserung des Brandschutz vorgenommen = 1, seit 1985 wurden keine bedeutenden baulichen Sanierungen vorgenommen = -1	
5. Gesundheit und Komfort			
5.1 Gesundheit und Komfort			
5.1.1 Raumluftqualität	Vorhandensein Komfortlüftung: ja = 1, nachrüstbar = 0, nein = -1 ****.	—	Vorhandensein Komfortlüftung: ja = 1, nachrüstbar = 0, nein = -1 ****.
5.1.2 Lärmbelastung			
5.1.2.1 Aussenlärm	Ruhige Lage (entspricht i.d.R. Empfindlichkeitsstufen I und II abseits von Verkehrsachsen gemäss Lärmschutz-Verordnung Art. 43) = 1, Immissionsgrenzwerte für Strassen-, Bahn- und Fluglärm oder Industrie- und Gewerbelärm überschritten = -1, sonst = 0,		Ruhige Lage (entspricht i.d.R. Empfindlichkeitsstufen I und II abseits von Verkehrsachsen gemäss Lärmschutz-Verordnung Art. 43) = 1, Immissionsgrenzwerte für Strassen-, Bahn- und Fluglärm oder Industrie- und Gewerbelärm überschritten = -1, sonst = 0,

Anhang I 147

5. Gesundheit und Komfort

	Einstufung Strassen- und Eisenbahnlärmbelastung gemäss: http://map.bafu.admin.ch/?Y=659850&X=190100&zoom=1&bgLayer=ch.swisstopo.pixelkarte-grau&layers=ch.bafu.laerm-strassenlaerm_tag&layers_opacity=0.7&layers_visibility=true&lang=de / Fluglärmbelastung: http://www.flughafen-zuerich.ch/desktopdefault.aspx/tabid-571/ (Flughafen Zürich)	–	Einstufung Strassen- und Eisenbahnlärmbelastung gemäss: http://map.bafu.admin.ch/?Y=659850&X=190100&zoom=1&bgLayer=ch.swisstopo.pixelkarte-grau&layers=ch.bafu.laerm-strassenlaerm_tag&layers_opacity=0.7&layers_visibility=true&lang=de / Fluglärmbelastung: http://www.flughafen-zuerich.ch/desktopdefault.aspx/tabid-571/ (Flughafen Zürich)
5.1.2.2 Innenlärm: Luftschall	Das Gebäude wurde nach erhöhten Anforderungen gemäss SIA 181(2006) gebaut oder erneuert = 1, Gebäude wurde nach 1988 gebaut oder seit 1988 umfassend modernisiert (= SIA 181 [1988]) und seither wurden keine spezifischen baulichen Massnahmen bez. des Luftschalls ergriffen = 0, Gebäude wurde vor 1988 gebaut und seither wurden keine spezifischen baulichen Massnahmen bez. des Luftschalls ergriffen = -1	–	Das Gebäude wurde nach erhöhten Anforderungen gemäss SIA 181(2006) gebaut oder erneuert = 1, Gebäude wurde nach 1988 gebaut oder seit 1988 umfassend modernisiert (= SIA 181 [1988]) und seither wurden keine spezifischen baulichen Massnahmen bez. des Luftschalls ergriffen = 0, Gebäude wurde vor 1988 gebaut und seither wurden keine spezifischen baulichen Massnahmen bez. des Luftschalls ergriffen = -1

Teilindikatoren	Codierung BÜRO	Codierung VERKAUF *	Codierung MFH
5.1.2.3 Innenlärm: Trittschall	Das Gebäude wurde nach erhöhten Anforderungen gemäss SIA 181(2006) gebaut oder erneuert = 1, Gebäude wurde nach 1988 gebaut oder seit 1988 umfassend modernisiert (= SIA 181 [1988]) und seither wurden keine spezifischen baulichen Massnahmen bez. des Trittschalls ergriffen = 0, Gebäude wurde vor 1988 gebaut und seither wurden keine spezifischen baulichen Massnahmen bez. des Trittschalls ergriffen = -1	–	Das Gebäude wurde nach erhöhten Anforderungen gemäss SIA 181(2006) gebaut oder erneuert = 1, Gebäude wurde nach 1988 gebaut oder seit 1988 umfassend modernisiert (= SIA 181 [1988]) und seither wurden keine spezifischen baulichen Massnahmen bez. des Trittschalls ergriffen = 0, Gebäude wurde vor 1988 gebaut und seither wurden keine spezifischen baulichen Massnahmen bez. des Trittschalls ergriffen = -1
5.1.2.4 Innenlärm: Geräusche haustechnischer Anlagen und fester Einrichtungen im Gebäude	Das Gebäude wurde nach erhöhten Anforderungen gemäss SIA 181(2006) gebaut oder erneuert = 1, Gebäude wurde nach 1988 gebaut oder seit 1988 umfassend modernisiert (= SIA 181 [1988]) und seither wurden keine spezifischen baulichen Massnahmen bez. der Geräusche haustechnischer Anlagen und fester Einrichtungen ergriffen = 0, Gebäude wurde vor 1988 gebaut und seither wurden keine spezifischen baulichen Massnahmen bez. der Geräusche	–	Das Gebäude wurde nach erhöhten Anforderungen gemäss SIA 181(2006) gebaut oder erneuert = 1, Gebäude wurde nach 1988 gebaut oder seit 1988 umfassend modernisiert (= SIA 181 [1988]) und seither wurden keine spezifischen baulichen Massnahmen bez. der Geräusche haustechnischer Anlagen und fester Einrichtungen ergriffen = 0, Gebäude wurde vor 1988 gebaut und seither wurden keine spezifischen baulichen Massnahmen bez. der Geräusche

5. Gesundheit und Komfort

5. Gesundheit und Komfort

		haustechnischer Anlagen und fester Einrichtungen im Gebäude ergriffen = -1
5.1.3 Tageslichtanteile	Bei einem normal sonnigen Tag in der Regel keine künstliche Beleuchtung für 2/3 der Arbeitsplätze nötig: ja = 1, nein = -1	Bei einem normal sonnigen Tag in der Regel keine künstliche Beleuchtung nötig: ja = 1, nein = -1
5.1.4 Belastung durch Strahlung		
5.1.4.1 Elektromagnetische Felder (nicht ionisierend): Mobilfunk	–	Im Radius von 300 m keine Antennen oder nur Antennen mit Sendeleistung sehr klein = 1, im Radius von 300 m Antennen mit Sendeleistung klein/mittel = 0, im Radius von 300 m Antennen mit Sendeleistung gross = -1 http://www.funksender.ch/webgis/bakom.php?recenter_x=719469&recenter_y=96817&recenter_scale=25000&show_crosshair=1 (gesamte CH)

5. Gesundheit und Komfort

Teilindikatoren	Codierung BÜRO	Codierung VERKAUF *	Codierung MFH
5.1.4.2 Elektromagnetische Felder (nicht ionisierend): Stromversorgungsnetz	–		Kriterien sind: (a) Hochspannungsleitungen (Freileitungen): ≥ ca. 180 m, (b) Bahnstromanlagen (S-Bahn und Zug): ≥ ca. 50 m, (c) Transformatoranlagen: ≥ ca. 5 m. Empfohlene Abstände eingehalten = 1, nicht eingehalten = -1
5.1.4.3 Radon (ionisierend)	Radonrisiko in der Schweiz (s. Extra-Tabellenblatt) oder Suchmaschine des Bundesamtes für Gesundheit BAG: http://www.bag.admin.ch/themen/strahlung/00046/01624/index.html?lang=de Radonrisiko: gering (oder durchgeführte Radonmessung vor Ort weist keine Belastung aus) = 1, mittel = 0, hoch = -1		
5.1.5 Baumaterialien			
5.1.5.1 Ökologische Baumaterialien bei Neubauten	Durch eine Zertifizierung (z. B. MINERGIE-ECO oder äquivalentes Zertifikat) nachgewiesene Verwendung ökologischer Baumaterialien: Zertifikat vorhanden = 1, sonst keine Bewertung		
5.1.5.2 Gesundheitsschädigende Materialien bei Altbauten	Keine gesundheitsschädigenden Baumaterialien wie beispielsweise PCB, Asbest und Formaldehyd (Abklärung vor Ort durch Experten) = 1, sonst keine Beurteilung		
5.1.6 Altlasten	Kein Verdacht auf Altlasten oder Altlasten nachweislich nicht vorhanden = 1, Altlasten oder Verdacht auf Altlasten vorhanden = -1; Quelle: Kataster der belasteten Standorte, http://www.gis.zh.ch/gb4/bluevari/gb.asp?app=AwelKBS&vn=15&rn=12&YKoord=0&XKoord=0&start=682943.736%24247944.672&Massstab=50000		

* Eine Verkaufsimmobilie (auch «Retailimmobilie» genannt) bezeichnet ein Gebäude, in dem (Klein-/Einzel-)Handel bzw. Wiederverkauf betrieben wird. Gebäude wie Fachmarktzentren, «built to suit» und Einkaufszentren gehören zu dieser Kategorie. (Quelle: Wikipedia und Eyemaxx Real Estate http://www.eyemaxx.com/fileadmin/eyemaxx/presse/Ger_Eng_Rom.pdf)
** Achtung Energieverbrauch steigt, wenn zu hoch.
*** Diese Energiekennzahl gilt nur für Heizen. Warmwasserverbrauch wird nicht beurteilt, da eher nutzer- als immobilienspezifisch.
**** Eine Komfortlüftung hat folgende zwei Vorteile: a) frische Luft und gefilterte Frischluft (keine Allergene und Schadstoffe von aussen) auch bei geschlossenen Fenstern und b) Lärmschutz (d.h. man muss Fenster nicht öffnen).
***** Die Geschosshöhe wird von Oberkante zu Oberkante der fertigen Böden gemessen (SIA 423). Bei unterschiedlichen Geschosshöhen ist diejenige einzutragen, die überwiegt.

Anhang II

Tabelle 11: NUWEL-Checkliste für die Berücksichtigung von Nachhaltigkeit im Gutachten inklusive Zuordnung der ESI-Indikatoren.

Gruppe von Eigenschaften	Zuordnung ESI	Relevanz für Wertermittlung (hoch, mittel, gering)	Informationen vorhanden (ja, nein)	Codierung gemäss ESI-Indikator (von −1 bis +1)	Zuordnung Eigenschaft zu Parameter in Wertermittlung
Standort					
Anschluss an ÖPNV	3.1.1 Öffentlicher Verkehr		Ja		
Entfernung zu relevanten Einrichtungen	3.3.1 Distanz lokales / regionales Zentrum		Ja		
	3.3.2 Distanz Einkaufsmöglichkeiten des täglichen Bedarfs		Ja		
	3.3.3 Distanz Naherholung / Grünanlagen		Ja		
Immissionssituation – Schadstoffe – Lärm	5.1.2.1 Aussenlärm		Ja		
Lage bez. Naturgefahren und Umweltrisiken	4.1.1 Lage bez. Naturgefahren (zunehmende Hochwasser-, Lawinen-, Erdrutschgefährdung)		Ja		
Grundstück					
Bodenbelastung (ggf. Verdacht) – Schadstoffe	5.1.6 Altlasten		Ja		
Versiegelungsgrad, Eignung für die Versickerung von Regenwasser	2.2.2 Niederschlagsentwässerung		Ja		
Eignung für Nutzung erneuerbarer Energie (z. B. Solarstrahlung / Verschattung, Erdwärme, vorhandene Abwärmequellen)					

Gruppe von Eigenschaften	Zuordnung ESI	Relevanz für Wertermittlung (hoch, mittel, gering)	Informationen vorhanden (ja, nein)	Codierung gemäss ESI-Indikator (von −1 bis +1)	Zuordnung Eigenschaft zu Parameter in Wertermittlung
Elektromagnetische Felder	5.1.4.1 Elektromagnetische Felder (nicht ionisierend): Mobilfunk		Ja		
	5.1.4.2 Elektromagnetische Felder (nicht ionisierend): Stromversorgungsnetz		Ja		
Radon	5.1.4.3 Radon (ionisierend)		Ja		
Freiflächengestaltung	1.2.8 Nutzbarkeit Aussenraum				
Gebäude					
Dauerhaftigkeit Langlebigkeit Widerstandsfähigkeit					
Reinigungs-, Wartungs- und Instandhaltungsfreundlichkeit					
Rückbau- und Recyclingfreundlichkeit	2.3.1 Rezyklierbarkeit Baumaterialien		Ja		
Flexibilität Anpassbarkeit Umbaubarkeit / Umnutzbarkeit	Raumeinteilung		Ja		
	Geschosshöhe		Ja		
	Zugänglichkeit Kabel / Leitungen / Haustechnik		Ja		
	1.1.4 Reservekapazität Kabel / Leitungen / Haustechnik		Ja		
Funktionalität	1.2.1 Vorhandensein (rollstuhlgängiger) Lift für alle Stockwerke, sofern mehrgeschossig		Ja		
	1.2.7 Abstellplatz für Gehhilfe / Kinderwagen		Ja		

Gruppe von Eigenschaften	Zuordnung ESI	Relevanz für Wertermittlung (hoch, mittel, gering)	Informationen vorhanden (ja, nein)	Codierung gemäss ESI-Indikator (von −1 bis +1)	Zuordnung Eigenschaft zu Parameter in Wertermittlung
Flächeneffizienz					
Zugänglichkeit Barrierefreiheit / hindernisfreies Bauen	1.2.2 Überwindbare Höhendifferenzen innen und aussen		Ja		
	1.2.3 Genügend breite Türen		Ja		
	1.2.4 Genügend breite Korridore		Ja		
	1.2.5 Sanitärräume rollstuhlgängig		Ja		
	1.2.6. Flexibilität Grundriss Küche		Ja		
Gestalterische Qualität Städtebauliche Qualität					
Energetische Eigenschaften – Wärmeschutz – Effizienz der Energieversorgung – Art des Energieträgers	2.1.1.1 Heizwärmebedarf in MJ/m²a		Ja		
	2.1.1.2 Kühlbedarf		Ja		
	2.1.2.1 Zur Deckung des Wärmebedarfs		Ja		
	2.1.2.2 Zur Deckung des Strombedarfs		Ja		
Bauphysikalische Eigenschaften – Thermischer Komfort – Schallschutz – Raumakustik – Raumluftqualität – Belichtung und Beleuchtung	4.2.2.1 Beleuchtung / Belichtung		Ja		
	5.1.1 Raumluftqualität		Ja		
	5.1.2.2 Innenlärm: Luftschall		Ja		
	5.1.2.3 Innenlärm: Trittschall		Ja		
	5.1.2.4 Innenlärm: Geräusche haustechnischer Anlagen und fester Einrichtungen im Gebäude		Ja		
	5.1.3 Tageslichtanteile		Ja		

Gruppe von Eigenschaften	Zuordnung ESI	Relevanz für Wertermittlung (hoch, mittel, gering)	Informationen vorhanden (ja, nein)	Codierung gemäss ESI-Indikator (von −1 bis +1)	Zuordnung Eigenschaft zu Parameter in Wertermittlung
Sonstige technische Eigenschaften – *Standsicherheit* – *Brandschutz*	4.2.1.1 Objektbezogene Sicherheitsvorkehrungen bez. Hochwasser		Ja		
	4.2.1.2 Objektbezogene Sicherheitsvorkehrungen bez. Erdbeben		Ja		
	4.2.2.2 Brandschutz		Ja		
Wasserver- und Entsorgung	2.2.1 Wasserverbrauch		Ja		
	2.2.3 Regenwassernutzung		Ja		
Umwelt- und Gesundheitsverträglichkeit der Bauprodukte	5.1.5.1 Ökologische Baumaterialien bei Neubauten		Ja		
	5.1.5.2 Gesundheitsschädigende Materialien bei Altbauten		Ja		
Begrünung *Fassadenbegrünung* *Dachbegrünung*					
Eignung von Dach- und Fassadenflächen für nachträgliche Installation von Anlagen zur Solarenergienutzung					
Traglastreserven (z.B. für Aufstockung)					
Nutzungskosten					
Prozesse					
Qualität der Planung – *Qualitätssicherung* – *Externe Prüfung*					

Gruppe von Eigenschaften	Zuordnung ESI	Relevanz für Wertermittlung (hoch, mittel, gering)	Informationen vorhanden (ja, nein)	Codierung gemäss ESI-Indikator (von –1 bis +1)	Zuordnung Eigenschaft zu Parameter in Wertermittlung
Qualität der Bauausführung – *Qualitätssicherung* – *Messungen*					
Qualität der Bewirtschaftung – *Monitoring* – *Syst. Instandhaltung* – *Nutzerinformation und -beeinflussung*					

Die NUWEL-Checkliste kann als Vorlage auf www.nuwel.ch herungergladen werden.
Der ESI-NUWEL-Report für eine Liegenschaft kann auf www.esiweb.ch generiert werden.

Literatur

Banfi, Silvia; Filippini, Massimo; Horehájová, Andrea; Pióro, Daniela (2007): *Zahlungsbereitschaft für eine verbesserte Umweltqualität am Wohnort. Schätzungen für die Städte Zürich und Lugano für die Bereiche Luftverschmutzung, Lärmbelastung und Elektrosmog von Mobilfunkantennen*, Zürich: vdf Hochschulverlag.

Beltran, Allan (2013): *The Impact of Flood Risk on Residential Property Prices: A Meta-analysis*, University of Birmingham, Birmingham, Department of Economics, online verfügbar unter http://www.belpassosummerschool.it (Zugriff 19.8.2014).

Brauer, Kerry-U. (2011): *Grundlagen der Immobilienwirtschaft. Recht – Steuern – Marketing – Finanzierung – Bestandsmanagement – Projektentwicklung*, 7. überarb. Aufl., Wiesbaden: Gabler (Lehrbuch).

Bundesamt für Raumentwicklung (2012): *Nachhaltige Entwicklung in der Schweiz. Ein Wegweiser*, Bern.

Bundesamt für Statistik (2012): *Bau- und Wohnbaustatistik*, Neuenburg (Statistik der Schweiz).

Bywater, Nick (2011): *Reflecting uncertainty in valuations for investment purposes. A brief guide for users of valuation*, RICS.

Carlowitz, Hans Carl von (2009): *Sylvicultura oeconomica. Haußwirthliche Nachricht und Naturmäßige Anweisung zur Wilden Baum-Zucht*, Reprint der 2. Aufl., Leipzig: Braun 1732, Remagen-Oberwinter: Kessel (Forstliche Klassiker, 1).

Damodaran, Aswath (2012): *Investment valuation. Tools and techniques for determining the value of any asset*, 3. Aufl., Hoboken, NJ: Wiley.

Deng, Yongheng; Li, Zhiliang; Quigley, John (2012): «Economic returns to energy-efficient investments in the housing market: Evidence from Singapore», in: *Regional Science and Urban Economics* 42 (3), S. 506-515.

Di Pasquale, Denise; Wheaton, William C. (1996): *Urban economics and real estate markets*, Englewood Cliffs, NJ: Prentice Hall.

Eichholtz, Piet; Kok, Nils; Quigley, John (2010): *Sustainability and the Dynamics of Green – New Evidence on the Financial Performance of Green Office Buildings in the USA*, The Royal Institution of Chartered Surveyors RICS (Hrsg.), London, online verfügbar unter http://www.usgbc.org (Zugriff 19.8.2014).

Eichholtz, Piet; Kok, Nils; Quigley, John (2013): «The economics of green building», in: *The Review of Economics and Statistics* 95 (1), S. 50-63.

Elkington, John (1998): *Cannibals with forks. The triple bottom line of 21st century business*, Gabriola Island, BC/Stony Creek, CT: New Society Publishers (Conscientious commerce).

Ellison, Louise; Brown, Patrick (2011): «Sustainability metrics for commercial real estate assets – establishing a common approach», in: *Journal of European Real Estate Research* 4 (2), S. 113-130.

Fierz, Kaspar (2005): *Der Schweizer Immobilienwert. Die moderne Lehre der Immobilienbewertung auf der Grundlage der Betriebswirtschaftslehre, der Finanzmathematik und der Ökonometrie*, 5. vollst. überarb. und erw. Aufl., Zürich: Schulthess.

Fuerst, Franz; McAllister, Patrick (2010): «What is the effect of eco-labelling on office occupancy rates in the USA?», in: *Findings in Built and Rural Environments*, online verfügbar unter http://www.joinricsineurope.eu (Zugriff 19.8.2014).

Fuerst, Franz; McAllister, Patrick (2011): «Green Noise or Green Value? Measuring the Effects of Environmental Certification on Office Values», in: *Real Estate Economics* 39 (1), S. 45–69.

Geltner, David M.; Miller, Norman G. (2001): *Commercial real estate analysis and investments*, Ohio: South-Western.

Gondring, Hanspeter (2007): *Risiko Immobilie. Methoden und Techniken der Risikomessung bei Immobilieninvestitionen*, München: Oldenbourg.

Haller, Matthias (2013): «Die Rückkehr der Götter. Eine Reise durch die Geschichte des Zufalls und der Risikonahme», in: *Schweizer Monat* 2013 (Sonderthema 10), S. 23–30.

Hoesli, Martin; Jani, Elion; Bender, André (2006): «Monte Carlo Simulations for Real Estate Valuation», in: *Journal of Property Investment & Finance* 24 (2), S. 102–122.

Hughes, William T. (1995): «Risk Analysis and Asset Valuation: A Monte Carlo Simulation Using Stochastic Rents», in: *Journal of Real Estate Finance and Economics* 11, S. 177–187.

Hutchison, Norman; Nanthakumaran, Nanda (2000): «Calculation of investment worth. Issues of market efficiency, variable estimation and risk analysis», in: *Journal of Property Investment & Finance* 18 (1), S. 33–51.

IPCC (2013): *Summary for Policymakers SPM*, T. F. Stocker, D. Qin, G.-K. Plattner, M. Tignor, S. K. Allen, J. Boschung et al. (Hrsg.), Cambridge University Press: Cambridge, United Kingdom/New York, USA, online verfügbar unter http://www.climatechange2013.org (Zugriff 19.8.2014).

Jayantha, Wadu; Man, Wan (2013): «Effect of green labelling on residential property price: a case study in Hong Kong», in: *Journal of Facilities Management* 11 (1), S. 31–51.

Kahn, Matthew; Kok, Nils (2013): «The capitalization of green labels in the California housing market», in: *Regional Science and Urban Economics*, online verfügbar unter www.corporate-engagement.com (Zugriff 19.8.2014).

Kubli, Ursina et al. (2008): *Wertvoller Boden – Die Funktionsweise des Bodenmarktes im Kanton Zürich*, Zürcher Kantonalbank und Statistisches Amt des Kantons Zürich (Hrsg.), Zürich.

Kuprecht, Florian (2013): *Resultate zum CRESS 2012/2013, Corporate Real Estate and Sustainability Survey. Markt für Betriebsimmobilien und Nachhaltigkeit*, Präsentation am 17. Januar 2013 an der Universität Zürich, online verfügbar unter http://www.ccrs.uzh.ch/aktuelles/immoanlass2013.html (Zugriff 19.8.2014).

Loomis, Benjamin A. (2003): *The value of flexible design: real estate development and investment strategy under uncertainty*, Masterarbeit, Massachusetts Institute of Technology, Massachusetts, Department of Architecture, online verfügbar unter http://dspace.mit.edu (Zugriff 19.8.2014).

Lorenz, David; Lützkendorf, Thomas (2011): «Sustainability and property valuation: Systematisation of existing approaches and recommendations for future action», in: *Journal of Property Investment & Finance* 29 (6), S. 644-676.

Marty, Rudolf; Meins, Erika (im Erscheinen): *Rendite- und Risikokennzahlen für Immobilien und deren Beurteilung aus Nachhaltigkeitssicht*, CCRS Universität Zürich (Hrsg.).

McNamara, Dylan; Keller, Andrew (2013): «A coupled physical and economic model of the response of coastal real estate to climate risk», in: *Nature Climate Change* (3), S. 559-562.

Meins, Erika (2013): «Nachhaltigkeit in Franken und Rappen», in: *NZZ Sonderbeilage Immobilien*, 29. Mai 2013.

Meins, Erika; Burkhard, Hans-Peter (2007): *Economic Sustainability Indicator (ESI)*, CCRS Universität Zürich (Hrsg.), online verfügbar unter http://www.ccrs.uzh.ch (Zugriff 19.8.2014).

Meins, Erika; Burkhard, Hans-Peter (2009): *ESI Immobilienbewertung - Nachhaltigkeit inklusive*, CCRS Universität Zürich (Hrsg.), online verfügbar unter http://www.ccrs.uzh.ch (Zugriff 19.8.2014).

Meins, Erika; Ok Kyu Frank, Sarah; Sager, Daniel (2012): *Economic Sustainability Indicator ESI® Überarbeitung 2011/12*, CCRS Universität Zürich (Hrsg.), online verfügbar unter http://www.ccrs.uzh.ch (Zugriff 19.8.2014).

Meins, Erika; Sager, Daniel (2013): Sustainability and Risk in Real Estate Investments: Combining Monte Carlo Simulation and DCF. CCRS, Universität Zürich. Online verfügbar unter http://www.ccrs.uzh.ch (Zugriff 19.8.2014).

Meins, Erika; Wallbaum, Holger; Hardziewski, Regina; Feige, Annika (2010): «Sustainability and property valuation: a risk-based approach», in: *Building Research & Information* 38 (3), S. 280-300.

Meins, Erika et al. (2011): *Nachhaltigkeit und Wertermittlung von Immobilien. Leitfaden für Deutschland, Österreich und die Schweiz (NUWEL)*, CCRS Universität Zürich (Hrsg.), online verfügbar unter http://www.nuwel.ch (Zugriff 19.8.2014).

Miller, Norm; Spivey, Jay; Florance, Andrew (2008): «Does Green Pay Off?», in: *Journal of Real Estate Portfolio Management* 14 (4), S. 385-400.

Muldavin, Scott R. (2010): *Value beyond cost savings. How to underwrite sustainable properties*, Muldavin Company.

Müri-Leupp, Ruth; Rappl, Ingrid; Bröhl, Andreas (2011): *Ruhe bitte!*, Zürcher Kantonalbank (Hrsg.), Zürich, online verfügbar unter https://www.zkb.ch (Zugriff 19.8.2014).

Ooi, Joseph T.L.; Wang, Jingliang; Webb, James R. (2009): «Idiosyncratic Risk and REIT Returns», in: *Journal of Real Estate Finance and Economics* 38 (4), S. 420-422.

Perman, Roger (1996): *Natural resource and environmental economics*, Harlow: Pearson Education Ltd.

Rappl, Ingrid; Bröhl, Andreas (2012): *Wie Lage und Umweltqualität die Eigenheimpreise bestimmen*, Zürcher Kantonalbank (Hrsg.), Zürich, online verfügbar unter http://www.bafu.admin.ch (Zugriff 19.8.2014).

Reichard, Alexander; Fuerst, Franz; Rottke, Nico; Zietz, Joachim (2012): Sustainable Building Certification and the Rent Premium: A Panel Data Approach, in: *Journal of Real Estate Research* 34 (1), S. 99–126.

RICS Switzerland (2012): Swiss valuation standards (SVS). Best practice of real estate valuation in Switzerland. 2., überarb. und erg. Aufl. Hrsg. v. RICS Switzerland, Zürich.

Rode, David C.; Fischbeck, Paul S.; Dean, Steve R. (2001): «Monte Carlo Methods for Appraisal and Valuation. A Case Study of a Nuclear Power Plant», in: *Journal of Structured and Project Finance* 7 (3), S. 38–48.

Salvi, Marco; Horejáhová, Andrea; Müri, Ruth (2008): *Minergie macht sich bezahlt*, CCRS Universität Zürich und Zürcher Kantonalbank (Hrsg.), online verfügbar unter http://www. ccrs.uzh.ch (Zugriff 19.8.2014).

Salvi, Marco; Horejáhová, Andrea; Neeser, Julie (2010): *Minergieboom unter der Lupe*, CCRS Universität Zürich und Zürcher Kantonalbank (Hrsg.).

Savvides, Savvakis C. (1994): «Risk Analysis in Investment Appraisal», in: *Project Appraisal* Volume 9 (1), S. 3–18.

Schmidt, Reinhard H.; Terberger, Eva (1997): *Grundzüge der Investitions- und Finanzierungstheorie*, Wiesbaden: Gabler Verlag.

Schulte, Karl-Werner et al. (2008): *Immobilienökonomie. Band 1: Betriebswirtschaftliche Grundlagen*, München: Oldenbourg.

SIA (2001): *SIA Empfehlung 112*, Schweizerischer Ingenieur- und Architektenverein (Hrsg.), Zürich.

SIA (2004): *SIA Empfehlung 112/1*, Schweizerischer Ingenieur- und Architektenverein (Hrsg.), Zürich.

SIA (2006): *SIA Dokumentation 0123*, Schweizerischer Ingenieur- und Architektenverein (Hrsg.), Zürich.

SIA (2010): *SIA Norm 2040*, Schweizerischer Ingenieur- und Architektenverein (Hrsg.), Zürich.

SustainAbility (1993): *The LCA Sourcebook. A European business guide to life-cycle assessment*, London.

SVKG; SEK/SVIT (2012): *Das Schweizerische Schätzerhandbuch*, 4. Aufl., Schweizerische Vereinigung kantonaler Grundstückbewertungsexperten und Schweizerische Schätzungsexperten-Kammer (Hrsg).

Vranken, Liesbet; van Turnhout, Pieter; Van Den Eeckhaut, Miet; Vandekerckhove, Liesbeth; Poesen, Jean (2013): «Economic valuation of landslide damage in hilly regions: A case study from Flanders, Belgium», in: *Science of the Total Environment* (447), S. 323–336.

Wiley, Jonathan; Benefield, Justin; Johnson, Ken (2010): «Green Design and the Market for Commercial Office Space», in: *The Journal of Real Estate Finance and Economics* 41 (2), S. 228–243.

Winstrand, Jakob (2007): *Hedonic Valuation of Health Risks Due to Residential Radon*, University of Uppsala, Uppsala, Institute for Housing and Urban Research, online verfügbar unter http://ecomod.net (Zugriff 19.8.2014).

World Commission on Environment and Development (1987): *Our Common Future*, Oxford / New York: Oxford University Press.

Wüest & Partner (2011): *Immo-Monitoring 2011/1*, Wüest & Partner (Hrsg.), Zürich.

Yang, Xi (2013): *Measuring the Effects of Environmental Certification on Residential Property Values – Evidence from Green Condominiums in Portland, US*, Dissertation, Portland State University, Portland, online verfügbar unter http://pdxscholar.library.pdx.edu (Zugriff 19.8.2014).

Yoshida, Jiro; Sugiura, Ayako (2010): *Which «Greenness» is Valued? Evidence from Green Condominiums in Tokyo*, München, online verfügbar unter http://mpra.ub.uni-muenchen.de (Zugriff 19.8.2014).

Die Autoren

Dr. Erika Meins (Jg. 1974) hat von 1994 bis 1999 Politik und Volkswirtschaft an den Universitäten Bern und Genf studiert und 2002 an der Universität Zürich in Politikwissenschaften promoviert. Die Frage nach dem Umgang mit neuen gesellschaftlichen Herausforderungen und Risiken begleitet sie auf ihrem beruflichen Weg an der Schnittstelle zwischen Wirtschaft, Gesellschaft und Wissenschaft: zunächst bei der BAK Economics in Basel, danach am Center for International Studies (CIS) an der ETH Zürich, wo sie im Rahmen einer Zusammenarbeit mit dem MIT in Boston, USA, und der University of Tokyo, Japan, die Regulierung von Umwelt- und Gesundheitsrisiken erforschte. Später leitete sie die Arbeitsmarktbeobachtung Ostschweiz und Aargau (AMOSA) im Auftrag von zehn Kantonen. In dieser Funktion setzte sie sich u.a. mit dem Arbeitsmarkt im Finanzdienstleistungsbereich und der Jugendarbeitslosigkeit auseinander.

Seit 2005 arbeitet sie am Center for Corporate Responsibility and Sustainability (CCRS) an der Universität Zürich. Dort leitet sie den Forschungsbereich Nachhaltige Immobilien und geht der Frage nach der ökonomischen Nachhaltigkeit von Immobilien sowie der Bewertung von Nachhaltigkeit bei Immobilien und Unternehmen auf den Grund. Dabei steht neben der interdisziplinären Analyse die Entwicklung von praxistauglichen Lösungsansätzen im Vordergrund – gemeinsam mit Unternehmen, Verbänden und der öffentlichen Hand.

Neben der Forschung ist sie als Referentin und Dozentin (u.a. an der Zürcher Hochschule für Angewandte Wissenschaften, der Swiss Real Estate School und dem Schweizerischen Institut für Immobilienbewertung) tätig und Autorin zahlreicher Publikationen und Buchbeiträge.

Dr. iur. Hans-Peter Burkhard (Jg. 1948) war nach dem Studium der Rechtswissenschaften und der Promotion an der Universität Zürich 15 Jahre in leitender Stellung in der Privatwirtschaft tätig. In einem grossen Ingenieurunternehmen führte er die interdisziplinäre Abteilung Langfristplanung und Umweltschutz (wie das Thema Nachhaltigkeit in den 1970er-Jahren genannt wurde). Ab 1981 war er als Mitglied der Geschäftsleitung und Partner verantwortlich für das Departement Sicherheit und Umweltschutz.

Von 1989 bis 2005 hatte er Führungsaufgaben in der öffentlichen Verwaltung inne. Zunächst leitete er in der Baudirektion des Kantons Zürich das Amt für technische Anlagen und Lufthygiene mit den Aufgabenbereichen Energiepolitik, Luftreinhaltung, Gebäudetechnik, Fernwärme. Später war er in der Volkswirtschaftsdirektion des Kantons Zürich Chef des Amtes für Wirtschaft und Arbeit mit einem Verantwortungsbereich, zu dem Standortförderung und wirtschaftspolitischer Dienst, Arbeitsmarkt, Arbeitslosigkeit und öffentliche Arbeitsvermittlung, Arbeitssicherheit sowie Wohnbauförderung gehörten. Während mehrerer Jahre war er zudem Präsident des Verbandes der Schweizerischen Arbeitsämter (VSAA).

Ab Mitte 2005 bis zu seiner Pensionierung war er Direktor des CCRS (Zentrum für Unternehmensverantwortung und Nachhaltigkeit) an der Universität Zürich, wo er Nachhaltigkeitsthemen in Wirtschaft und Gesellschaft weiter vertiefte.

Weitere Fachliteratur zum Thema Geldanlage bei NZZ Libro

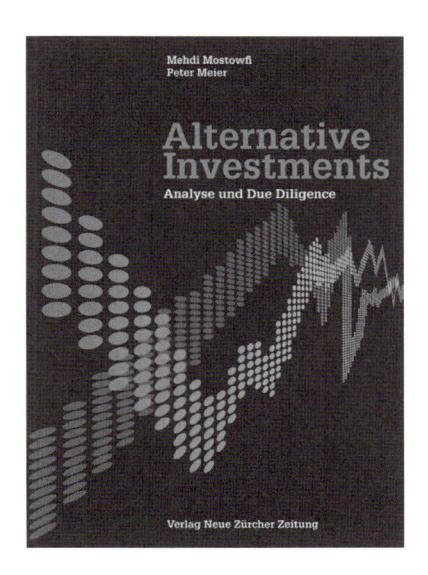

Mehdi Mostowfi, Peter Meier
Alternative Investments
Analyse und Due Diligence
312 Seiten, gebunden
ISBN 978-3-03823-854-6

«Die beiden Finanzexperten Mehdi Mostowfi und Peter Meier vermitteln wissenschaftlich fundierte, in der Praxis gut verwertbare Kenntnisse auf dem Gebiet der Analyse von Alternative-Investment-Strategien und physischen Anlagegütern.» *www.geldundverbraucher.de*

«Eine ebenso breite wie detaillierte Übersicht über die verschiedenen Anlagekategorien und Methoden zum Vergleich und zur Evaluation der einzelnen Instrumente.» *Neue Zürcher Zeitung*

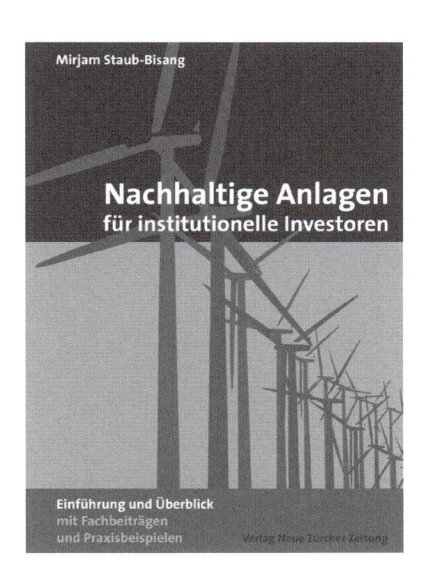

Mirjam Staub-Bisang
Nachhaltige Anlagen für institutionelle Investoren
Einführung und Überblick mit Fachbeiträgen und Praxisbeispielen
294 Seiten, gebunden
ISBN 978-3-03823-710-5

«Das Werk zeigt sich fast durchgängig leicht verständlich; eine Vielzahl an Grafiken, Tabellen und Charts rundet den positiven Gesamteindruck ab. Damit dürfte sich das Buch zum Standardwerk mausern»
Stocks

«Das richtige Buch zur richtigen Zeit.» *Prof. Dr. Dr. Klaus Schwab, Gründer und Präsident des WEF*

NZZ Libro – Buchverlag Neue Zürcher Zeitung
www.nzz-libro.ch